Conozco a mi buen amigo Joe  décadas y todavía puedo recordar (ntro
en Queens, Nueva York. Lo (ese
entonces me estaba ayudand(ayor
potencial. En su libro *Los p.* con
autenticidad y transparencia. Esta obra no es una construcción
teórica, sino lo que es Joe Mattera: un constructor de personas.
—Sam Chand
Consultor de liderazgo, autor de *Piensa diferente,*
vive diferente, www.samchand.com

El arduo trabajo de formar líderes se está convirtiendo en un arte
olvidado. Los perfiles de personas externas han cobrado más
importancia que el proceso de discipulado interno. He visto a mi
padre capacitar líderes durante décadas y constantemente relato
historias de la manera en que eso sucede. Este libro destila, de
modo experto, años de práctica en sabiduría útil para los líderes
que desean discipular como lo hizo Cristo.
—Justin Mattera
Propietario Mattera Management

La mayoría de los libros describen los frutos de comportamientos
y prácticas que pueden funcionar durante una temporada en una
cultura o contexto particular. Este va a las raíces que producen
esos frutos en cada generación, cultura y contexto. Esta diferencia
clave se debe a que su autor, el Dr. Joseph Mattera, es un experimentado líder de pensamiento, practicante y formador de cultura
reconocido mundialmente y que conoce el corazón de Dios y los
tiempos en los que estamos llamados a influir. Predigo que esta
lectura tendrá una de las vidas útiles más largas en su biblioteca
porque fue hecha para durar.
—Dr. José Umidi, vicepresidente ejecutivo de Regent University,
fundador, coaching de liderazgo formador de vida

El ministerio y los escritos del obispo Mattera me han alentado
profundamente. Él posee una extraña combinación de insondable
visión teológica, ministerio práctico y corazón de pastor. En *Los*

principios de Jesús reúne esta integración de manera profunda. Creo que este libro, lleno de verdad y sabiduría, e inmensamente relevante para nuestro momento cultural, fortalecerá y equipará a los que sirven a la iglesia.

—Jon Tyson, pastor principal de Church of the City
New York, autor de *The Burden Is Light*

¿Está buscando un libro para refrescar su relación con Jesús? ¿Quiere reavivar su fuego por seguir a Cristo? ¿Es nuevo en la fe cristiana y quiere profundizar más rápido en su crecimiento? *Los principios de Jesús*, del Dr. Joseph Mattera, es una herramienta extraordinaria que le ayudará a lograr todo ello. ¡El Dr. Mattera vuelve a destacarse con este libro poderoso y práctico que le desafiará y le empoderará en su caminar con Cristo! Como pastor, quiero poner uno de estos ejemplares en las manos de todos los miembros de mi iglesia, tanto los antiguos como los que asisten por primera vez (¡lo que sé que usted también hará!). ¡Necesita leer *Los principios de Jesús*, al igual que cualquier otro seguidor de Cristo que conozca!

—Dr. Greg Williamson, pastor principal de la congregación Valley
Christian Church; presidente de Connexus Leadership Network

Una vez más, el obispo Joe vuelve a sobresalir. Ha escrito un libro que es bíblicamente fuerte y habla del momento en el que está la iglesia actualmente y en cuanto a dónde debe estar. *Los principios de Jesús* lo reenfocarán y lo liberarán para regresar al trabajo principal de cambiar al mundo, que es a través de una relación auténtica y un discipulado intencional. Este libro ayuda a recuperar la verdadera misión de la iglesia, el movimiento de Jesús que invierte en las personas más que en los programas. Es práctico e inspirador a la vez. Lo recomiendo para pastores, líderes de iglesias, de mercado y todos los seguidores de Jesús que quieran hacer discípulos.

—John Hammer, pastor principal de la congregación
Sonrise Christian Center (isonrise.org), cofundador de
Represent Movement (representmovement.com)

Estuve sin padre espiritual cuatro años después de que el Dr. Elias Malki, mi amado mentor, se fue a la gloria. Entonces nuestro misericordioso Rey Yahweh me llevó al obispo Joseph Mattera. El conocimiento, la comprensión y la sabiduría que fluyen a través de él me han desafiado e iluminado mucho como hombre de Dios. El obispo Mattera es un teólogo del siglo veintiuno, una auténtica voz apostólica, no un eco. Es esa voz especial la que clama e impacta a través de cada página de este libro diciendo: "Preparen el camino para el Señor, háganle sendas derechas" (Mateo 3:3). Esta obra lo guiará del éxito a la trascendencia con una pasión renovada por parecerse más a Cristo. Aumentará su celo por permanecer en la vid y llegará a ser un verdadero discípulo. Conocerá la verdad y la verdad le hará libre.

—Apóstol Rafael Najem, pastor principal de CCF Ministries, presidente de Somebody Cares New England y de Greater Lowell Citywide Ministries Network.

En *Los principios de Jesús*, el obispo Joseph Mattera nos ayuda a aprender —con claridad— no solo cómo ser líderes, sino también la manera de discipular líderes. Esta obra es ideal para cada individuo en cualquier etapa de su crecimiento espiritual, en la que es conformado a la imagen de Cristo. El obispo Mattera, con sus años de experiencia, se destaca impartiendo la verdad bíblica combinada con sus vivencias personales para ayudarnos a convertirnos en los líderes que Dios ha ideado que seamos, líderes que harán avanzar el reino de Dios. Así que le animo no solo a leer esta obra, sino también a aplicar esos principios a su vida y a la de aquellos a quienes están liderando. Si se toma en serio lo de ser discípulo y ayudar a otros a convertirse en discípulos, esta es una lectura imprescindible.

—Terry Moore, pastor principal de la congregación Sojourn Church

El libro del Dr. Joseph Mattera, *Los principios de Jesús*, es un modelo cautivador y motivador para cada persona que desea desarrollar su potencial innato, su pasión y el propósito de su vida.

—Steve Fedyski, director ejecutivo de Cloudburst Entertainment

Los principios de Jesús, escrito por Joseph Mattera, es un libro que debería estar en la biblioteca de todo líder. Usted querrá leerlo y luego revisarlo una y otra vez. Mattera usa las Escrituras y su experiencia para discutir los conceptos más importantes que los líderes necesitan cada día. Comenzando con la identidad y siguiendo con las actitudes, las habilidades, los hábitos y —sobre todo— las relaciones, aplica todo eso a su vida de una manera muy sencilla y práctica. *Los principios de Jesús* ayudarán a guiar al líder emergente y refrescará al líder ya establecido. Animo a todos a que lean y apliquen *Los principios de Jesús*.

—Dr. Tim Hamon, director ejecutivo de Christian
International, doctor de Regent University

El obispo Mattera nos ha guiado pacientemente, a mi esposo y a mí, a través de numerosas temporadas de descubrimiento espiritual. Lo ha hecho con gracia, intelecto, aliento y —en ocasiones— corrección. Como soy líder de mercado en la ciudad de Nueva York, nuestras vidas son bastante distintas. Su capacidad para cambiar instantáneamente entre los negocios y la iglesia ejemplifica claramente su llamado a dar forma a la cultura y a hablar sobre lo que es relevante hoy. Este libro ofrece una sinopsis renovada de cómo debe uno ejecutar el llamado de Dios sin importar dónde se encuentre en su caminar. Mattera presenta a la perfección la verdadera misión de la iglesia de una manera didáctica, pero inspiradora. Se nos recuerda a lo largo del libro que somos un solo cuerpo, bajo un solo Dios, llamados únicamente y de acuerdo a su voluntad y su plan para gobernar el mundo en concordancia con su Palabra. ¡Este libro es un guardián!

—Kristina Hosch, presidenta de Krislen Management,
directora ejecutiva de Christ Covenant Coalition and The
Revolving Door, Inc., autora de #90secswithgod

JOSEPH MATTERA

Los principios de JESÚS

VIVE UNA VIDA QUE NI LA MUERTE PUEDE DETENER

CASA CREACIÓN
Para vivir la Palabra

Para vivir la Palabra

MANTÉNGANSE ALERTA;
PERMANEZCAN FIRMES EN LA FE;
SEAN VALIENTES Y FUERTES.
—1 Corintios 16:13 (NVI)

 Los principios de Jesús por Joseph Mattera
Publicado por Casa Creación
Miami, Florida
www.casacreacion.com
©2024 Derechos reservados

ISBN: 978-1-960436-52-8
E-Book ISBN: 978-1-960436-53-5

Desarrollo editorial: *Grupo Nivel Uno, Inc.*
Adaptación de diseño interior y portada: *Grupo Nivel Uno, Inc.*

Publicado originalmente en inglés bajo el título:
The Jesus Principles
Charisma House
Copyright © 2019 by Joseph Mattera
Todos los derechos reservados.

Visit the author's website at http://josephmattera.org/.

Nota de la editorial: Aunque el autor hizo todo lo posible por proveer teléfonos y páginas de internet correctos al momento de la publicación de este libro, ni la editorial ni el autor se responsabilizan por errores o cambios que puedan surgir luego de haberse publicado.

Impreso en Colombia

24 25 26 27 28 LBS 9 8 7 6 5 4 3 2 1

Dedico este libro a mi amada esposa, Joyce, y a mis hijos biológicos y espirituales, así como a la familia de familias llamada Resurrection Church, en la que aprendí a caminar según los principios de Jesús.

Contenido

Prefacio

SI USTED ES como la mayoría de los líderes ministeriales que conozco, es probable que esté en una búsqueda constante de modelos de discipulado y desarrollo de liderazgo. Tal vez haya intentado tantas cosas diferentes que hasta se sienta cansado o con cierto cinismo con respecto a este tema. Si ese es su caso, me contenta mucho que esté leyendo este libro puesto que proporciona ideas, ejemplos de la vida real y una teología centrada en Cristo para desarrollar líderes.

El libro que tiene en sus manos posee el potencial de alterar el curso de su vida, liderazgo y su ministerio. Es una afirmación fuerte pero, a medida que pase las páginas, estoy seguro de que concordará conmigo. Es una experiencia extraña cuando un libro puede ampliar su pensamiento y mover su corazón a la vez. Ese tipo de libros ocupan un lugar especial en mi biblioteca, pero los que amplían nuestro pensamiento, mueven nuestros corazones y mejoran nuestras habilidades ministeriales merecen su propio estante. Son verdaderamente invaluables, ya que unen ideas profundas con verdades que despiertan nuestros corazones y son herramientas prácticas que hacen que nuestras manos sean eficaces para la obra de Dios.

Aunque recién se está enterando de este libro, lo conozco desde hace más de veinte años. Lo vi desplegarse ante mis ojos desde el momento en que llegué a Cristo a la edad de catorce años en la iglesia del obispo Mattera, y poco después me uní a un grupo de discipulado que él formó.

El grupo se llamaba Men in Training (MIT) y se reunía los domingos por la mañana antes de nuestras reuniones de adoración corporativa. El obispo seleccionó a esos hombres y los instó a asumir un alto nivel de compromiso con el discipulado y el liderazgo en nuestra iglesia. Para mi joven mente, este grupo era ¡como los Navy SEAL de nuestra iglesia! Quería ser como esos hombres con cada fibra de mi ser. Eran esposos, padres y líderes en nuestra comunidad y, como un joven que creció en un hogar monoparental, mi estima por ellos no podría haber sido mayor. Dado ese contexto, no puedo exagerar que uno de los momentos de mayor orgullo de mi joven vida fue cuando el obispo me invitó, en mi adolescencia, a unirme al grupo. Hizo un espacio para un adolescente dentro de un grupo de hombres porque vio potencial en mí y estaba dispuesto a invertir en mí a largo plazo.

Ahora, a los treinta y nueve años de edad, casado por doce años con mi maravillosa esposa, Erin, disfrutando de nuestros tres hijos y sirviendo como pastor principal de Hope Astoria, me asombra que toda mi vida haya cambiado como resultado de esa invitación. Durante esas reuniones del MIT, el obispo nos enseñó la Palabra de Dios, infundió sed por la presencia de Dios y nos desafió a crecer en carácter. Fuimos inspirados y equipados para crecer como líderes en nuestros hogares, la iglesia, nuestros negocios y nuestras carreras. Todavía tengo los cuadernos de esos tiempos de enseñanza y tengo diarios llenos de reflexiones y conocimientos que adquirí.

A pesar de lo transformadoras que fueron esas clases, lo que realmente cambió mi vida fue cuando el obispo me invitó a vivir con su familia. Vivir con ellos fue la mayor oportunidad de discipulado que jamás me habrían ofrecido. Vi cómo vivía fuera del púlpito, cómo amaba a su esposa y cuidaba de su familia. Íbamos a comprar comida juntos, salíamos de vacaciones en familia y hacíamos las tareas de la casa juntos. Comíamos juntos, discutíamos y resolvíamos conflictos, y nos reíamos muchísimo. Pero también vi al obispo orar como un hombre de otro planeta, devorar las Escrituras, ayunar durante semanas y priorizar las devociones familiares en medio de una vida intensamente ocupada.

Lo que este libro proporciona a los líderes y las iglesias es un contenido y una visión nuevos para el entorno de nuestro salón de clases, pero su verdadera genialidad es el llamado a nosotros como líderes a ofrecer nuestra vida diaria con el objetivo de crear una cultura de discipulado. Todo lo que necesita para desarrollar líderes y liberar el potencial humano en el contexto de su ministerio está precisamente frente a usted, es decir, en su vida cotidiana. Su casa, sus quehaceres, sus ritmos familiares y mil otras situaciones normales por las que pasamos todos los días son potentes herramientas en las manos de Dios para desatar una revolución de discipulado.

El verdadero regalo de este libro no solo son los vistazos, tras bastidores, a la vida de un líder de la cual todos podemos aprender, sino principalmente la forma en que nos insta a modelar la vida de Jesús. ¡No tenemos que reinventar la rueda! Jesús discipuló y desató el potencial humano mejor que nadie en la historia. Este libro nos llama a mirar de nuevo a nuestro Señor y traducir su vida y modelo a nuestros contextos, a medida que aprendemos de la vida y el ministerio de un líder fructífero. El obispo fue pionero en una iglesia y un ministerio en una de las ciudades más difíciles para ejercer el ministerio en el mundo, sin recursos, durante la epidemia de crack de los años 80 y 90. No solo discipuló a los pobres, a los quebrantados y a los que luchaban contra las adicciones; también capacitó a personas educadas y ricas.

Fue complicado, no fue sencillo, pero estaba armado con el modelo y la vida de Jesús, ¡Dios hizo cosas asombrosas! ¡Que este libro le impulse a ver el potencial en usted mismo y en los demás a través de unos ojos redentores! Agarre las herramientas, los conocimientos y la inspiración que encontrará aquí y póngalos en práctica. Comience en alguna parte pero, simplemente, ¡comience! Estoy seguro de que si hacemos eso, veremos a Dios hacer cosas asombrosas en el transcurso de nuestras vidas.

—Kristian Hernández, pastor principal de Hope Astoria. Fundador de Kerygma Group; autor de *Beholding and proclaiming*

Introducción

JESÚS LES DIJO a sus discípulos que la única manera de encontrar la vida era perdiéndola (Marcos 8:35), que la vida solo valía la pena si se está dispuesto a morir por algo más grande que uno mismo. Esta fue solo una de las muchas enseñanzas contraculturales de Jesús. Sus instrucciones son tan controvertidas hoy, en nuestra cultura estadounidense, como lo fueron para la cultura judía del primer siglo. Sin embargo, frente a una gran oposición, Jesús pudo tomar a doce hombres y crear el movimiento más grande e influyente que el mundo jamás haya visto. Llevó una vida extraordinaria y dejó un legado eterno a través de sus discípulos. La verdadera influencia debe aumentar a través de las vidas de aquellos en quienes nos vertemos, aun después de que fallezcamos. Nuestro mayor ejemplo de esto es, por supuesto, Jesús, cuyos seguidores hicieron obras mayores que las que él hizo después de su resurrección y ascensión.

Jesús nunca escribió un libro ni viajó más allá de la región de Israel, donde nació y creció. No tenía sirvientes, pero muchos lo llamaban "Amo". No tenía título, pero lo llamaban "Maestro". No tenía medicinas, pero lo llamaban "Sanador". No tenía ejército, pero los reyes le temían. No ganó batallas militares, pero conquistó el mundo. No cometió ningún crimen, pero lo crucificaron. Fue sepultado en una tumba, pero hoy vive. Jesús se mantuvo firme en la voluntad de Dios el Padre con su vida, sin sufrir nunca lo que yo llamo "desvío de la misión", lo que ocurre cuando nos vemos atrapados en problemas que nos impiden alcanzar nuestro máximo potencial. Este potencial implica infundir la grandeza en nuestros cónyuges, hijos, amigos y familias, dejando así un legado perdurable para las futuras generaciones. Podemos hacer esto siguiendo los principios que Jesús usó para liberar el potencial humano y poner el mundo patas arriba.

Este libro es una invitación a que me acompañe en un viaje para liberar su propósito a través de los principios de Jesús. Antes de comenzar esta travesía, tengo siete preguntas para usted. Sus respuestas servirán como indicadores del estado actual de su propósito y le ayudarán a comprender hasta qué punto está experimentando un desvío de la misión. Dios no tiene la intención de que viva a la deriva. Él quiere que tenga vida, y vida abundante; que viva con propósito para que los que vengan después de usted puedan salir adelante con el legado que ha de dejarles.

1. ¿Experimenta frustración constante?

La frustración constante es una de las señales más obvias de que no está caminando en dirección a lo que Dios programó, internamente, que usted persiguiera. En efecto, su frustración puede ser una señal que Dios le da para animarlo a que siga la verdadera pasión y el propósito que él tiene para usted. Si sufre desvío de la misión, estará yendo en contra de los impulsos internos de Dios que le brindan deleite. Ir en contra de esos impulsos internos significa que está haciendo cosas que no coinciden con sus dones, su pasión ni su gracia. Si está luchando contra la frustración constante, es hora de detenerse y reflexionar sobre las razones de ello y en cómo puede alinearse con el propósito de Dios para su vida. No desperdicie años transitando en la dirección equivocada.

2. ¿Está sufriendo de agotamiento?

Otra señal reveladora de que usted sufre de desvío de la misión es que tiene que trabajar duro para lograr las cosas por su propio esfuerzo. Cuando hace eso por mucho tiempo, siente agotamiento. Cuando navega a la deriva de la misión, no está caminando en obediencia al Señor. Por lo tanto, no está siendo sostenido por su gracia y, en cambio, está trabajando meramente con la fuerza carnal. Esto puede conducir pronto a un agotamiento emocional o espiritual si no se reajusta. Jesús le ha llamado a entrar en su reposo y a dejar de esforzarse por su propia cuenta (Mateo 11:28-30; Hebreos 4:9-11).

3. ¿Falta fruto en su vida?

Una persona a la deriva de la misión no maximiza su eficacia, lo que resulta en una falta de frutos. Usted es único y tiene una vocación como ninguna otra. Cuando está en su mejor momento, con respecto a su llamado, hace cosas que pocos pueden igualar, dando en el blanco de su propósito y llevando mucho fruto como Jesús nos instó a hacer (Juan 15:8).

4. ¿Cómo permanece fiel al llamado original de Dios a su vida?

De vez en cuando reviso mi diario profético para asegurarme de que todavía estoy siguiendo el llamado original que Dios me dio cuando comencé a servirle hace más de treinta años. Los métodos pueden cambiar a medida que madure, pero la misión sigue siendo la misma ya que Dios nos eligió a cada uno de nosotros antes de la fundación del mundo y nos dio un propósito aun antes de que naciéramos (Efesios 1:4; 2 Timoteo 1:9). Cuando usted está a la deriva de la misión, se ha desviado del llamado original que Dios le hizo.

5. ¿Está perdiendo el enfoque?

La actividad no necesariamente resulta en productividad. Muchas personas están muy ocupadas enfocándose en trivialidades y descuidando las cosas principales a las que Dios les ha llamado. No digo que deba descuidar las rutinas mundanas y ordinarias de su vida, sino que debe asegurarse de priorizar y administrar su tiempo en el marco de esas rutinas, de tal manera que las cosas más importantes se realicen primero. Si usted no prioriza su tiempo, sus actividades no coincidirán con su propósito.

6. ¿Con qué frecuencia antepone las cosas a las personas?

El reino de Dios se construye sobre relaciones, no sobre el ministerio ni el trabajo. Todos somos llamados a invertir en relaciones clave, ya sea la familia inmediata, los hijos espirituales, los mentores o las personas indispensables con las que está llamado a "hacer vida". Al enemigo le encantaría que antepusiera los programas a las personas, porque a fin de cuentas lo único que se llevará a la eternidad son las vivencias con esas personas, no los programas, los bienes raíces, el dinero ni las cosas materiales de la vida. Si usted no tiene tiempo de calidad para esas relaciones clave, lo más probable es que esté sufriendo un desvío de la misión. Necesita buscar proactivamente a aquellas personas que son más importantes para usted.

7. ¿Qué tan bueno es usted para mantener lo principal como eso, lo principal?

El enemigo de lo "mejor" suele ser algo bueno. El enemigo no viene con un traje rojo y un tridente; viene como un ángel de luz. Por lo tanto, una de sus mejores estrategias es hacer que usted se concentre tanto en hacer algo bueno para Dios o su familia que se ciegue a lo que es mejor. Para

evitar el desvío de la misión, siempre debe mantener primero lo primero y lo principal como lo principal.

Mientras insista y reflexione en sus respuestas a estas siete preguntas, oro para que el Espíritu Santo lo convenza de
su necesidad de explorar los principios que Jesús usó para
liberar el propósito en sus seguidores. Lo que funcionó para
sus discípulos funcionará para usted porque "Jesucristo es
el mismo ayer, hoy y por los siglos" (Hebreos 13:8).

Capítulo 1

Comprenda la identidad
que Dios le dio

A TRAVÉS DE MUCHAS décadas de trabajar con personas, he descubierto que muchos simplemente no pueden darse cuenta de quiénes son en realidad. A menudo, esto se debe a que pasaron muchos años complaciendo a la gente y fingiendo ser lo que fuera para que los aceptaran en ese momento. Le digo que no se preocupe por lo que es, en vez de eso decida quién quiere ser y conviértase en esa persona. Le recuerdo que todos tenemos opciones y que Dios promete en Filipenses 4:13 que podemos hacer todas las cosas si le pedimos a Jesús que nos dé la fuerza.

Las personas están tan acostumbradas a ser dominadas y controladas que les da un gran alivio percatarse de cuánta libertad tenemos realmente como cristianos. A los egoístas les molesta que el cristianismo limite su capacidad de pecar, pero si usted se detiene y lo medita, cada pecado que podría cometer ha de dañar a alguien. ¿Por qué alguien querría pasar su vida usando y lastimando a las personas?

Hace unos años escuché la historia de una empleada de una tienda de la cadena de supermercados Tom Thumb que, accidentalmente, le devolvió veinte dólares de más a un cliente. Cuando el hombre entró de nuevo a devolverle el cambio, la empleada se sorprendió mucho y dijo que nadie le había devuelto un dinero de más antes. Cuando ella le preguntó por qué lo hizo, él le dijo que valorarse a sí mismo por ser un hombre bueno y honesto valía mucho más que veinte dólares.

Cuando comencé a asesorar a un joven llamado Kristian con respecto a su potencial, propósito y llamado, nuestro tiempo juntos inició un proceso interno de recalibración, lo que provocó que su identidad cambiara gradualmente. Esto fue crucial en su vida porque uno debe cambiar la forma en que se ve a sí mismo antes de poder cambiar de comportamiento y, en última instancia, liberar su potencial para así lograr su propósito. Mientras usted crecía, su imagen propia puede haber sido empañada por palabras negativas que se dijeron sobre usted, ya sea en casa con sus padres y hermanos o en la escuela con sus amigos y compañeros de clase. Su nombre puede ser Joe o John, Susan o Christine, pero en su interior puede pensar que su nombre es "imbécil", "idiota", "fracasado" o "tonto". Las palabras negativas que otros han dicho sobre usted lo marcan con una identidad negativa que tiene más poder e influencia que el nombre que le otorga su certificado de nacimiento. El poder de las palabras dichas sobre una vida no puede ser exagerado. Proverbios 18:21 enseña que "la muerte y la vida están en poder de la lengua".

Reciba su nuevo nombre

Una de las cosas más importantes que deben ocurrir para que su potencial humano se libere es que su "nombre" interno debe cambiar. El hecho de que opte por seguir a Cristo y vencer las tentaciones de la carne le lleva a un punto en el que Jesús puede darle un nuevo nombre. Es por eso que una de las primeras cosas que hizo para liberar el potencial de Pedro fue cambiar su nombre de nacimiento, Simón, por su nombre divino, Pedro, que significa roca o piedra.[1] En

Mateo 16:18 vemos este proceso, aun más amplio, cuando Jesús dijo que edificaría su iglesia sobre la roca o *petra*, vocablo que en este contexto se refiere a una roca grande e inamovible.[2] Jesús cambió el nombre de Pedro para que su imagen propia igualara el especial llamado a su vida y liberara su vasto potencial humano a fin de establecer la iglesia como el cuerpo de Cristo.

También vemos este principio poderosamente ilustrado en la historia del gran patriarca Abraham. Cuando Dios cambió su nombre Abram, que simplemente significa "padre exaltado", a Abraham —o "padre de multitudes"—[3] desató su fe para que su destino —bendecir a las naciones— pudiera realizarse. Tuvo que pasar de saberse padre a entender que Dios quería que fuera patriarca de muchas naciones, a pesar de que él y su esposa —Sarai (Sara)— eran ancianos, estériles y no tenían posibilidad natural de procrear hijos. Puedo imaginarme a ese hombre de noventa y nueve años, sin hijos, ordenando a sus más de trescientos sirvientes y a su esposa estéril que lo llamaran por la nueva identidad que Dios le concedió, ¡aunque pareciera una tontería a la luz de sus condiciones en ese tiempo!

Romanos 4:16-22 afirma que Abraham pudo hacer eso al no considerar "su propio cuerpo, que estaba como muerto", ni pensar en la esterilidad de la matriz de Sara; al contrario, creyó y habló lo que la Palabra de Dios decía acerca de ellos y no como el mundo natural los vio. Cuando Abraham aceptó su cambio de nombre y creyó lo que Dios le dijo, Sara y él pudieron tener el hijo de la promesa; a pesar de que él tenía cien años y Sara ya no estaba en edad de procrear hijos.

En 2 Corintios, el apóstol Pablo nos advierte que consideremos a las personas según su identidad divina y no de acuerdo a su identidad carnal o terrenal.

Así que de ahora en adelante no consideramos a nadie según criterios meramente humanos [en términos de estándares naturales de valor]. Aunque antes conocimos a Cristo de esta manera, ya [tenemos tal conocimiento de él que] no lo conocemos así [en términos de la carne]. Por lo tanto, si alguno está [injertado] en Cristo [el Mesías], es una nueva creación [totalmente nueva criatura]. ¡Lo viejo [la condición moral y espiritual anterior] ha pasado, ha llegado ya lo nuevo!

—2 Corintios 5:16-17

Saulo persiguió a los cristianos porque juzgó a Jesús y a sus seguidores según la carne, como cualquier otro ser humano. Sin embargo, después de su conversión recibió su nuevo nombre —Pablo— y una nueva identidad que desató no solo su potencial humano sino el de incontables millones de personas años después de su vida natural.

Cuando vi a Kristian entrar a nuestra iglesia, no vi a un adolescente hispano sin padre ni propósito. Vi a un líder emergente con potencial para cambiar el mundo. También sabía que había sido asignado para guiarlo y desarrollar su potencial; por lo tanto, hablé de la identidad que Dios le dio, ¡la que lo ayudó a convertirse en la imagen de Cristo ante mis ojos! La gran noticia acerca de la salvación es que cuando usted entrega su vida a Cristo, se convierte en una nueva creación: lo viejo pasó y todas las cosas son nuevas. Aunque su apariencia física siga siendo la misma, ¡su verdadera identidad cambia instantáneamente a medida que Dios comienza a revelar su propósito divino y su llamado para su vida! Apocalipsis 2:17 promete que Jesús le dará "una piedrecita blanca en la que está escrito un nombre nuevo que solo conoce quien la recibe". Este será un nuevo nombre especial y secreto que solo Jesús y usted entenderán.

Para liberar el potencial de los demás, debemos dejar de juzgar a las personas, según la carne, y comenzar a verlas con los ojos de Dios. En lo natural, puedo ver a una persona borracha o drogadicta, sin hogar o empobrecida, deprimida o fracasada en los negocios. No obstante, como creyente, soy llamado a ver a cada individuo con la identidad que Dios le ha dado para que pueda cambiar su nombre, reparar su propia imagen y liberar su vasto potencial humano. Como líder, estoy especialmente llamado a proyectar una visión a aquellos a quienes sirvo al traerles a la mente un sentido de su futuro para motivarlos a comenzar a liberar su potencial a partir de hoy.

Cultive su vida espiritual

He descubierto que el hábito más importante que puedo ayudar a inculcar en otros para liberar su potencial es meditar en la Palabra de Dios. Las Escrituras enseñan que la transformación personal solo llega cuando la mente se renueva (Romanos 12:1-2). Aunque usted es una nueva creación al nacer de lo alto (2 Corintios 5:17), su mente y sus emociones tienen que pasar por un proceso de reprogramación de su patrón de pensamiento, lo cual puede llevar muchos años. Esto no es para salvación, sino para madurez y santificación.

Solo la Palabra de Dios puede limpiar y reconfigurar la mente humana para que sea santificada (Juan 17:17). Únicamente al reflexionar en los pensamientos de Cristo, puede usted romper las fortalezas que le ponen en prisiones internas y limitan su capacidad de crecimiento (2 Corintios 10: 3-5). Solo al conocer y entender la Palabra de Dios puede comprender si los pensamientos, ideas, conceptos y paradigmas que ha abrazado lo han limitado. ¡Es solo por la Palabra de Cristo que usted puede ordenar que esos pensamientos y conceptos eliminen su control sobre su persona!

Es por eso que el apóstol Pablo le dijo a la iglesia de Filipos que la clave para vencer la ansiedad y caminar en paz era cultivar la vida espiritual (Filipenses 4:6-7) y caminar en un patrón de pensamiento saludable: "Por lo demás, hermanos, todo lo que es verdadero, todo lo honesto, todo lo justo, todo lo puro, todo lo amable, todo lo que es de buen nombre; si hay virtud alguna, si algo digno de alabanza, en esto pensad" (Filipenses 4:8 RVR1960). Los psicólogos de hoy conocen la ciencia subyacente a lo que Pablo escribió aquí. Un artículo de *Psychology Today* señala:

> Todo pensamiento libera químicos cerebrales. Enfocarse en pensamientos negativos, efectivamente, le quita al cerebro su contundencia positiva, lo ralentiza y puede llegar a atenuar la capacidad de su funcionamiento, al punto que genere depresión. Por otro lado, tener pensamientos positivos, felices, esperanzados, optimistas y alegres disminuye el cortisol y produce serotonina, que crea una sensación de bienestar. Esto ayuda a que su cerebro funcione al máximo de su capacidad.[4]

El artículo también señala que "el pensamiento negativo ralentiza la coordinación cerebral, lo que dificulta procesar los pensamientos y hallar soluciones". El miedo afecta la actividad en el cerebelo, ralentizando "la capacidad del cerebro para procesar nueva información, lo que limita su capacidad para practicar la resolución creativa de problemas". Sus pensamientos también pueden "reconectar potencialmente su cerebro al crear vías neuronales y sinapsis más fuertes. Lo que usted piensa y siente en cuanto a cierta situación o cosa puede estar tan profundamente arraigado que tendrá que trabajar fuerte a fin de desmantelar las conexiones negativas y volver a configurar su cerebro para tener menos miedo, pensar positivamente, creer que los sueños pueden hacerse realidad y confiar en que sus esfuerzos tendrán éxito".[5]

Medite en la Palabra de Dios

Cuando Dios llamó a Josué para que tomara el lugar de Moisés como líder de la nación de Israel, le dijo que la clave de su éxito era meditar y proclamar la Palabra escrita del Señor. Así que le instruyó: "Nunca se apartará de tu boca este libro de la ley, sino que de día y de noche meditarás en él, para que guardes y hagas conforme a todo lo que en él está escrito; porque entonces harás prosperar tu camino, y todo te saldrá bien" (Josué 1:8 RVR1960). La orden que se le dio a Josué de meditar tenía que ver con susurrar las palabras divinas, reflexionar en esas palabras y considerarlas en su corazón para que pudiera verse a sí mismo y al mundo de la manera en que Dios lo hace para cumplir con su misión divina.

El salmista dijo respecto de Dios: "He guardado tu *palabra* en mi corazón, para no pecar contra ti" (Salmos 119:11 NTV). En otro lugar dijo: "Lámpara es a mis pies tu *palabra*, y lumbrera a mi camino" (Salmos 119:105 RVR1960). El apóstol Pablo, al asesorar a su protegido Timoteo, lo exhortó a seguir aprendiendo las Escrituras, las que le darían sabiduría para la salvación ya que "Toda la Escritura es inspirada por Dios, y útil para enseñar, para redargüir, para corregir, para instruir en justicia, a fin de que el hombre de Dios sea perfecto, enteramente preparado para toda buena obra" (2 Timoteo 3:16-17 RVR1960).

Capítulo 2

Libere su potencial

KRISTIAN SOLO TENÍA catorce años cuando entregó su vida al Señor y comenzó a asistir a nuestra iglesia. Su testimonio es poderoso.

Nací como resultado de una aventura adúltera que causó gran escándalo. Mi hermana fue la primera en nacer en esa circunstancia. Su nacimiento causó un gran revuelo, por lo que mi mamá decidió que la relación entre mi padre y ella debía terminar. Papá se negó a permitir que eso sucediera. Él decía: "Arruinaste mi vida; no puedes salir de esto tan fácil. Así que se acaba cuando yo lo diga". De modo que irrumpía en su apartamento y la esperaba al final de su turno laboral o la acosaba todo el camino a casa desde el trabajo. Al fin, se unieron de nuevo y fui concebido. Cuando mi papá se enteró, estaba decidido a que lo ocurrido con mi hermana no volviera a suceder, así que llevó a mi mamá a la clínica de aborto tres veces. Cada vez que se trataba el caso, mi madre mentía y decía que estaba siguiendo las instrucciones. Cuando papá se daba cuenta de que ella le mentía, la golpeaba para forzarla a tener un aborto espontáneo. La tercera vez que mi madre fue a la clínica de abortos, una mujer la detuvo en el estacionamiento y le dijo: "No mates a este bebé. Dios tiene un plan para este niño". Mamá se derrumbó y lloró. Esa noche abordó un avión y se dirigió a Puerto Rico con mi hermana. Así que me dio a luz en Puerto Rico y, a los seis meses de mi nacimiento, murió mi papá. Nunca lo conocí.

Kris era el típico joven sin padre que vivía en las rudas y tumultuosas calles de Sunset Park en Brooklyn, Nueva York. Aunque fue criado por una heroica madre soltera que trató de mantenerlo en control, Kristian tenía un vacío emocional en su vida. No importa cuán capaz sea una madre, todos los hombres jóvenes necesitan una figura paterna en la cual apoyarse. De forma que cuando lo conocí vi un gran potencial en él. Entonces lo invité a vivir con mi familia para que pudiera tener la influencia de un padre, no solo la de un pastor los domingos. Durante los siete u ocho años que vivió con nosotros, se convirtió en parte de la familia; fue tratado como uno de mis hijos y aceptado por mis cinco hijos biológicos como su hermano.

Hice lo mejor que pude para aceptar a Kristian tal como era y no presionarlo en ninguna dirección en particular, dejando que él y Dios trataran sus asuntos. A los pocos años, manifestó su deseo de trabajar en el ministerio, por lo que se convirtió en uno de los líderes de la iglesia como asistente del director de jóvenes. Hasta que, en cierto momento, lo encargué de la juventud. ¡Pero después de unos meses sintió que eso era demasiado para él, por lo que sufrió un ligero colapso y dejó de asistir a los servicios! En vez de renunciar a él, me di cuenta de que le había asignado funciones de liderazgo prematuramente, así que lo puse de nuevo como asistente del ex director de la juventud.

En otro momento de su proceso de crecimiento, se fue de Nueva York y se mudó a otro estado para vivir con un ministro amigo mío por seis meses. Durante ese momento difícil, me entristecí porque sentí que estaba huyendo en vez de lidiar con los problemas de su vida. Por dicha, Dios contestó mis oraciones y Kristian regresó a vivir con nosotros. Un año más tarde, a petición suya, volví a asignarlo como encargado de nuestro ministerio juvenil e hizo un trabajo extraordinario. Permaneció como director de nuestra juventud hasta que se la delegó a mi hijo menor, Justin, a quien ayudó a asesorar como mentor para que se encargara de ese ministerio.

Poco después, Kristian fue nombrado pastor y director de ministerios en nuestra iglesia, y resultó ser uno de los jóvenes líderes más sabios, más equilibrados y más talentosos que he visto. Comenzó a sustituirme en la predicación cuando yo me ausentaba de la iglesia e incluso entrenó a los líderes de nuestros ministerios. Finalmente, fue enviado desde nuestra iglesia para ayudar a plantar otra congregación. Poco después se convirtió en el pastor principal y elemento clave de un próspero movimiento de plantación de iglesias que surgió de su congregación local y que ha resultado en más de media docena de iglesias plantadas en solo unos pocos años, ¡algo inaudito en la ciudad de Nueva York! En verdad, hay varios flujos y reflujos en el desarrollo humano así como muchos picos y valles involucrados entre aquellos que cultivan el crecimiento y aquellos a quienes ayudan a liberar el potencial. En el caso de Kristian y el mío, todos los años de dolor y proceso han valido la pena.[1]

Como pastor y ministro desde 1984, he centrado la mayor parte de mi tiempo en el desarrollo del liderazgo. Uno de los aspectos más importantes en cuanto a desarrollar líderes, y uno de los más difíciles de lograr en el mundo, es hacer que las personas reconozcan y liberen el potencial humano que Dios les ha dado. Se ha dicho que el desayuno de los campeones no es cereal sino lucha. Liberar el potencial implica comprender y trabajar con los dones naturales de la persona: su tarea única y su vocación particular en la vida, así como las experiencias pasadas que han enmarcado su perspectiva de la vida. Muchas de las personas que acuden a nuestra iglesia provienen de familias destrozadas. El mayor obstáculo que tienen para liberar y maximizar sus dones y sus talentos es su propio miedo al fracaso, combinado —a menudo— con sentimientos profundamente arraigados de baja autoestima. Las malas experiencias y la información negativa que han recibido en el marco de las relaciones clave les dificultan creer en sí mismos.

Lograr que las personas crean en ellas mismas, a medida que comienzan a descubrir las habilidades que Dios les ha dado, es uno de los aspectos más importantes y gratificantes en lo referente a ayudar a liberar el potencial. Es interesante notar que Jesús, que es el mayor desarrollador de personas que jamás haya existido, dijo que sus discípulos se convertirían en pescadores de hombres. Convertirse, lo que significa cambiar o transformarse en algo, es un proceso por el que toda persona debe pasar si quiere liberar su potencial, aunque a menudo puede ser un viaje largo y difícil que requiere determinación y constancia.

El proceso

No puedo explicar por qué Dios permite que haya tanto sufrimiento en este mundo pecaminoso, pero sé que consintió que su propio Hijo, Jesús, padeciera el más agudo dolor que cualquier otro ser humano haya sentido jamás. Es más, la Biblia afirma que Jesús sufrió y fue tentado en todas las formas que podamos suponer. Inmediatamente después de ser bautizado por Juan y que Dios lo declarara como su Hijo —en quien tenía complacencia—, el Espíritu Santo lo llevó a que protagonizara su propia experiencia en el desierto. Cada uno de nosotros enfrentará su propia experiencia en el desierto como parte del proceso para desarrollar nuestro potencial humano. La forma en que tratamos con esa experiencia determina hasta qué punto se ha de liberar nuestro potencial. Dios quiere que entendamos que el proceso es tan importante como el producto.

Sabemos que los hijos de Israel fueron guiados por Dios a través de su experiencia en el desierto con el expreso propósito de probarlos y exponer lo que realmente había en sus corazones, no hacia Dios sino hacia todos y cada uno de ellos. El apóstol Pablo, que escribió la mayor parte del Nuevo Testamento, testificó de muchas experiencias arduas y difíciles en el desierto mientras viajaba por Europa y Asia en sus muchas travesías misioneras. Sabemos, por sus poderosas cartas, que Dios había hecho una gran obra en él, transformándolo —del gran perseguidor que se nos presenta en Hechos capítulo 9— en el autor inspirado de la mayoría de las epístolas del Nuevo Testamento. Pablo escribió: "He sido crucificado con Cristo, y ya no vivo yo, sino que Cristo vive en mí. Lo que ahora vivo en el cuerpo, lo vivo por la fe en el Hijo de Dios, quien me amó y dio su vida por mí" (Gálatas 2:20).

Con respecto al proceso que trae madurez a la persona, muchos en el cuerpo de Cristo están en una constante experiencia en el desierto, incluso en este día y época. El desierto es un lugar en Cristo en el que usted está fuera de la casa de la servidumbre, pero no está del todo en la tierra prometida. La tierra prometida es cuando camina en la plenitud del Espíritu y de propósito en Cristo Jesús. El desierto es un gran momento de prueba, confusión y frustración que puede sacar el lado oscuro de nuestras almas, porque constantemente nos enfrentamos a nuestro falso yo, que se manifiesta más mientras estamos en el fuego. Muchos santos de la antigüedad han llamado a este período "la oscura noche del alma".

Tentaciones comunes a todos

Jesús, como el segundo Adán, no pecó en medio de la tentación, aun cuando sintió hambre y estaba en el desierto. Eso contrasta con el primer Adán, que pecó al comer del fruto prohibido mientras estaba en el paraíso con todas sus necesidades satisfechas.

Hay cuatro tentaciones principales por las que cada uno de nosotros pasa, basadas en la épica competencia entre Satanás y Jesús cuando estaba en el desierto, como se ve en las narraciones del evangelio (Lucas 4:1-13). Veamos cada una individualmente.

Primera tentación: "Si eres Hijo de Dios", es decir, la prueba de la identidad.

Una de las mayores pruebas que enfrentamos en el desierto es cuando comenzamos a dudar de nuestra identidad en Cristo. Satanás le dijo a Jesús: "*Si* eres Hijo de Dios..." (Lucas 4:1, énfasis añadido). Cuando afrontamos tiempos de grandes pruebas y tribulaciones, el enemigo trata de hacernos dudar de nuestra salvación, de nuestra posición en Cristo como hijos y hasta de la realidad del cristianismo. Si puede hacer que perdamos nuestra identidad, entonces puede enmarcarnos en otra distinta. Por ejemplo, nuestra cultura o etnia puede convertirse en nuestra principal identidad y razón de existencia. En el transcurso de las pruebas, aun de las más severas, necesitamos centrarnos en Dios y escondernos e internarnos en él por nuestro nombre e identidad, si es que vamos a progresar, en vez de retroceder. (Ver Colosenses 3:3).

Segunda tentación: "Convierte estas piedras en pan", es decir, actuar.

El enemigo trata de meternos en la trampa de la actuación o el desempeño, es decir, que debemos hacer buenas obras para probarnos a nosotros mismos y a Dios que merecemos la salvación y la gracia, o que intentamos lograr grandes cosas para Dios a fin de probarle a él y a nosotros que tenemos un valor intrínseco. El problema con esto es que todos estamos destituidos de la gloria de Dios. Una mentalidad así es como una pendiente resbaladiza que conduce a un punto en el que nunca estamos completamente satisfechos. No podemos ganarnos el amor de Dios con nuestros logros. Siempre quedarán muchas cosas sin hacer, o no hechas de la manera correcta, ya que somos humanos, seres falibles y pecadores. Cuando estamos acorralados en la trampa del desempeño, nos la pasamos trabajando cada vez más para agradar a Dios, aunque nos sentimos cada vez peor con nosotros mismos. Algunos incluso se sienten peor consigo mismos cuando oran y leen la Biblia más y más horas porque están tratando de ganarse el amor de Dios por medio de las obras.

Dado que no somos salvos por las obras, la única forma en que podemos agradar a Dios es estando en Cristo, que se ha convertido en nuestra sabiduría, redención y justicia (Efesios 2:8-9; 1 Corintios 1:30).

Tercera tentación: "Salta del techo porque Dios te protegerá", es decir, presunción.

A menudo, cuando estamos en el desierto, se nos dificulta escuchar claramente la voz de Dios debido a la ansiedad y la frustración. Para compensar esa sensación, realizamos nuestras propias actividades con el fin de lograr algo para Dios. Sin embargo, necesitamos aprender la diferencia entre fe y presunción. Esta última es cuando hacemos nuestros propios planes y, después que están en marcha, le pedimos a Dios que los bendiga. Esto se debe a que hay una raíz de orgullo y cierto grado de independencia de Dios. El Salmo 19:13 incluye una oración que le pide a Dios que nos guarde de los pecados de presunción o soberbia: "Preserva también a tu siervo de las soberbias; que no se enseñoreen de mí; entonces seré íntegro, y estaré limpio de gran rebelión."

Muchos cristianos toman decisiones importantes sin obtener el consejo adecuado y sin esperar en el Señor para conocer su voluntad. Algunos se van del estado, dejan sus trabajos por otras posiciones o incluso se casan rápidamente sin orientación ni consejería matrimonial. Luego esperan que la iglesia y Dios bendigan sus decisiones, y cuando Dios no los bendice, se enojan con él y se apartan (Proverbios 19:3).

Cuando fallamos en someter de manera congruente nuestros corazones a los designios de Dios y no usamos periódicamente su Palabra, nos comportamos de manera presuntuosa puesto que estamos fuera de su voluntad revelada.

Cuarta tentación: "Inclínate ante mí y te daré el reino" o el pecado de esperar poder sin proceso ni dolor.

Satanás le ofreció todos los reinos del mundo a Jesús, en un instante, porque sabía que su objetivo final era que todos los reinos y reyes de la tierra vinieran a él y se inclinaran ante él en adoración. (Ver Daniel 7:13-14). La tentación de Jesús consistió en que recibiría en un instante lo que le hubiera llevado más de tres años y mucho dolor lograr. ¡Dios nunca pasa por alto el proceso y el dolor que viene con el proceso porque lo que se hace en usted, a menudo, es más importante que lo que se hace a través de usted!

Dios siempre determina que el poder y el propósito deben estar rodeados de problemas y dolor para que cuando tengamos ese poder, ¡no anhelemos la gloria que viene con él! Cuando algo llegue con demasiada facilidad o si parece demasiado bueno para ser verdad, ¡probablemente no sea verdad o no sea bueno para usted! Muchos de nosotros queremos soluciones rápidas y respuestas instantáneas a nuestras situaciones, pero eso es solo como experimentar una subida de azúcar, que le estimula rápidamente por un corto tiempo, pero luego se siente cansado y necesita otra dosis de azúcar. En última instancia, lo arruina físicamente. En consecuencia, si está en el desierto, preste atención a las cuatro pruebas principales que Dios le permitirá experimentar. Después que Jesús pasó esas pruebas, estuvo listo para caminar hacia su destino y su propósito. Si hubiera fallado en una de esas pruebas, no habría sido apto para el ministerio y no habría podido redimirnos.

En las temporadas difíciles de la vida, debemos imitar las respuestas de Cristo cuando fue probado en el desierto, de forma que podamos atravesarlo y entrar en nuestra tierra prometida. Buscar ser conformado a la imagen de Jesús implica desarrollar la actitud y la sabiduría de Jesús para que se pueda desatar más potencial. Para convertirnos en discípulos de Cristo, debemos permitir que él nos procese a fin de que podamos convertirnos en pescadores de hombres y en sus embajadores ante todas las personas con las que nos relacionemos. Mientras caminamos voluntariamente a través de nuestras experiencias en el desierto, pidiéndole a Dios que nos fortalezca y nos equipe aún más en lugar de rescatarnos, nos acercamos más y más a liberar todo nuestro potencial. "Así que, somos embajadores en nombre de Cristo, como si Dios rogase por medio de nosotros; os rogamos en nombre de Cristo: Reconciliaos con Dios" (2 Corintios 5:20 RVR1960).

Capítulo 3

De camino a Jerusalén

*C*UANDO COMENCÉ A escribir este libro, me di cuenta de lo contracultural que era con respecto a la cosmovisión típica de la mayoría de los hombres estadounidenses. Aunque no solo es para hombres, como tal me relaciono más con lo que ellos luchan, de ahí este enfoque introductorio. En consecuencia, los hombres, en particular (creo que las damas pueden no luchar con los mismos desafíos culturales porque están configuradas de manera diferente), encontrarán que los principios de este libro son tanto un desafío para su mentalidad como revolucionarios con respecto al enfoque y la función de su vida. La razón para decir esto es que muchos individuos con los que me cruzo están deprimidos y tienen un deseo desmesurado de realizarse mediante los deportes, por lo que viven indirectamente a través de otros hombres a los que consideran héroes. Esto se debe a que en los deportes hay ganadores y perdedores claros, de modo que así satisfacen el deseo masculino de conquistar, a través del dominio de una habilidad. Además, debido a que se sienten sin propósito, los hombres necesitan desarrollar sus vidas a través de otros hombres o de un equipo con el que puedan identificarse, intentando llenar el vacío que tienen en sus corazones.

Parte de la razón por la que los hombres luchamos es por la perspectiva cultural estadounidense en que vemos la masculinidad, que se basa en un concepto individualista del destino que hemos adoptado del individualismo tosco que hemos heredado de personas como Thomas Jefferson y otros. También influye la búsqueda individualista del hombre perfecto o superhombre (por ejemplo, héroes mitológicos griegos como Atlas) que conquista el mundo para siempre, un concepto que hemos adoptado en este país y reflejado en nuestros héroes cinematográficos, como Superman, Batman, Daredevil, Black Panther, Spider-Man y otros. Esta búsqueda individualista del hombre perfecto o superhombre proviene de la influencia de la cultura griega en la occidental. El adulterio es otro síntoma del aburrimiento de un hombre consigo mismo que proviene de no tener un propósito general que guíe cada una de sus decisiones.

En la cultura actual hay un énfasis en la nacionalidad, que se manifiesta en los desfiles y los estudios académicos étnicos, principalmente porque la cultura de uno se convierte en el reemplazo de la falta de un propósito general que trascienda esta vida física. Un síntoma obvio de esta falta de propósito general es la prevalencia del adulterio que tiene sus raíces en el aburrimiento del hombre consigo mismo. Desde mi perspectiva, primero soy cristiano y segundo estadounidense (o italiano o hispano, etc.). Para que entendamos cómo cumplir bíblicamente nuestro propósito, necesitamos "ir a Jerusalén", lo que significa desear a Dios por encima de todo, incluso de la propia vida. Y necesitamos leer la Biblia con la mentalidad hebraica, en vez de interpretar al mundo a través de "Atenas" (el centro de la cultura griega hace dos mil años y el centro de la apologética —con filósofos cristianos del siglo tercero, como Clemente y Orígenes—, que influyó mucho en la iglesia con una cosmovisión helenista).

Rasgos de los principios de Jesús

Como tesis de este libro, debemos entender los principios que Jesús usó para desplegar la grandeza en la humanidad, de manera que podamos pasar de ser personas ordinarias a individuos extraordinarios. Los principios de Jesús, verdaderamente, implican rasgos contraculturales que debemos adoptar si queremos cumplir nuestro destino. Examinemos cada uno de los cuatro que estudiaremos individualmente.

Ser jugador de equipo

Muchos hombres quieren que sus dones individuales resplandezcan. Sin embargo, a la hora de cumplir el destino, tenemos que parecernos más a un piloto del baloncesto —como Steve Nash, de los antiguos Phoenix Suns o Magic Johnson de los antiguos Angeles Lakers—, que a un golfista profesional, como Tiger Woods. El golf, a diferencia de la vida, es un deporte de una sola persona. Para tener éxito, los hombres necesitan aprender a aprovechar sus vidas rodeándose de personas que tengan fortalezas que ellos no tienen para compensar sus debilidades.

Ninguna persona tiene todos los dones —sabiduría, poder y otras habilidades— ni toda la experiencia que se requiere para triunfar en la vida. Dios ha dispuesto las circunstancias en nuestras vidas de cierta manera para que nos veamos obligados a depender del "equipo de ensueño" que él ya nos ha dado; solo debemos abrir los ojos de la fe y encontrar a los otros miembros del equipo. Primera de Corintios 12:8 enseña que Dios ha dado a unos una "palabra" de sabiduría, a otros una "palabra" de conocimiento porque —como individuos— todo lo que tenemos son fragmentos. Son los dones y talentos colectivos de un equipo que busca a Dios, mientras comparten notas, escuchan y hacen lo que el Espíritu dice, lo que podrá habilitar los destinos individuales.

No es casualidad que Jesús escogiera a doce hombres, no solo a uno o dos, para que fueran sus apóstoles. Tampoco lo es que esos doce hayan tenido que aprender a caminar juntos, a crecer juntos, a desafiarse y levantarse como equipo para seguir a Jesús. Al igual que con los deportes en equipo, es a través de la red de dinámicas relacionales que aprendemos a madurar con nuestros dones y convertirnos en personas extraordinarias. Como hombres, necesitamos caminar en el destino corporativo para cumplir con nuestro destino individual.

En la Biblia, los únicos que pueden cumplir su destino son los que se conectan a una iglesia local o a algún cuerpo corporativo; ella fue escrita para una nación (Antiguo Testamento) y para las iglesias de la ciudad (Nuevo Testamento). En la mentalidad judía era impensable estar fuera del campamento y seguir caminando en las promesas de Dios. En Números 12:14 vemos que el hecho de estar fuera del campamento era señal de maldición. ¡Sin embargo, hay aproximadamente cuarenta millones de cristianos estadounidenses que intentan servir a Dios sin conectarse a una iglesia local! Esto sería tan insensato como alguien que piensa que puede ir a Irak y derrotar a los terroristas solo. Pasajes bíblicos como Santiago 4:7 y Efesios 6:10-18 eran advertencias para que la iglesia local resistiera al diablo, no solo para los individuos. Los hombres deben llegar a un lugar donde dejen de lado su individualismo extremo para maximizar corporativamente su propósito en la vida.

Construir y experimentar relaciones de pacto

Muchos hombres estadounidenses y occidentales tienen dificultades para mostrar sus emociones o admitir cuando tienen una debilidad. ¡Es casi poco varonil llorar o admitir que uno no puede hacer algo!

Con respecto a mostrar emociones, el hombre más grande que jamás haya existido —Jesucristo— fue una persona totalmente en contacto con sus emociones. En el Evangelio de Juan 11:35, Jesús lloró franca y profusamente; en Marcos 1:41, se compadeció; en Marcos 3:5, miró a la gente con ira; en Lucas 10:21, se llenó de alegría y en Juan 12:27 y Mateo 26:38 dijo que su alma (asiento de sus emociones) estaba muy triste.

Los hombres necesitan aprender que estar en contacto con los demás y expresar sus emociones, en realidad, los hace más capaces como varones, no menos varoniles. Los hombres sabios saben que necesitan relaciones responsables en las que puedan recibir consejo y aliento para seguir adelante. Por eso es importante que construyan y experimenten relaciones de pacto con otros hombres que estén dispuestos y sean capaces de ser vulnerables unos con otros. Tales relaciones son la clave principal que permite al individuo perseverar en su propósito. Fue algo liberador cuando vine a Cristo y comenzó a mostrarme que ha asignado a otros que me ministren y me ayuden cuando esté débil. He notado que aquellos que se aíslan, cuando empiezan a luchar, ya no están en la fe que he guardado, por su gracia, desde 1978.

Honrar a los padres espirituales

La Biblia nos enseña a levantarnos en presencia de los ancianos (Levítico 19:32). En Oriente tienden a honrar a las personas mayores, pero en la cultura estadounidense el mercadeo de la mayoría de los productos y programas televisivos es para personas de entre dieciocho y treinta y cinco años (excepto los anuncios farmacéuticos) porque en esta nación glorificamos tres cosas: ¡el sexo, el poder y el glamur! Durante mucho tiempo hemos alentado a los hombres mayores a dejar de trabajar y retirarse al Estado de Florida para pasar el resto de sus vidas jugando al golf y viendo televisión. Esta mentalidad incluso está incrustada en los trabajos municipales y federales de algunos lugares.

Hace poco estuve con un hombre que se vio obligado a jubilarse del Departamento de Policía de Nueva York solo porque cumplió sesenta y dos años, a pesar de que estaba sano y activo en su trabajo por más de treinta y cinco años y pese a que tenía una gran experiencia que compartir con los hombres y mujeres de azul más jóvenes.

No existe tal cosa como la jubilación en las Escrituras. En términos bíblicos, cuanto más envejece la persona, más entiende de Dios y más experiencia tiene para compartir con los demás. Dios me mostró, hace años, que mi mayor ministerio comenzará cuando cumpla sesenta y cinco años. Tengo muchas ganas de envejecer porque entiendo que los mejores años de mi vida, con respecto al impacto que tendré en este mundo, están delante de mí, no detrás. Los hombres estadounidenses necesitan rodearse de pares mayores a los que puedan respetar y honrar para que puedan construir sobre sus hombros y hacerlo aun mejor en vez de menospreciarlos y dejarlos de lado. Verdaderamente todos los hombres necesitan mentores mayores, maduros y semejantes a Cristo que los asesoren para que alcancen su destino. Aunque Jesús solo tenía treinta años cuando comenzó a ministrar (Lucas 3:23), en realidad, existió antes que Abraham (Juan 8:58) y dio entrada a sus doce como el Anciano de Días (Daniel 7:9-10; Apocalipsis 1:13-15). Fue solo después de que sus discípulos caminaron con él, varios años, que ascendió al cielo y les confió la construcción de su iglesia.

Vivir con propósito

Los hombres que no tienen un propósito en la vida tienden a entregarse a los deseos de la carne y son los más miserables de todas las personas. He encontrado que mi mayor alegría es cuando termino el trabajo que el Señor me ha dado en cuanto a una tarea en particular. Entonces, cuando me sereno, ¡me llena un sentimiento espiritual eufórico que es mayor que cualquier placer físico (Juan 17:4)! Todos los hombres nacieron con un deseo innato de nutrir y proteger a sus familias, empoderar a los desamparados y morir por una causa mayor que ellos mismos. Aquellos a quienes les falte aunque sea uno de estos elementos en sus vidas, caminarán deprimidos por sentir falta de realización interior o serán adictos a algún placer porque tratan de medicarse para ahogar la poderosa voz de Dios que los insta a cumplir su vocación en la vida.

La importancia de la paciencia

Uno de los atributos más importantes que se necesitan para liberar el potencial es la paciencia. A medida que avanzamos en el proceso de edificación de Dios, debemos ser pacientes con nosotros mismos y con aquellos a quienes estamos llamados a dirigir o guiar. Leemos en Números 14:20-38 que toda una generación de los hijos de Israel no logró alcanzar su potencial y entrar en la tierra prometida porque se llenaron de incredulidad y cedieron a murmurar y quejarse contra el Señor. Se impacientaron con el proceso de Dios y perdieron su herencia.

En lugar de destruir a toda la nación por su pecado e incredulidad, Dios esperó pacientemente hasta que la siguiente generación estuviera lista para tomar la tierra prometida. Esto nos enseña que Dios no nos promoverá a menos que pasemos las pruebas de fe y paciencia en nuestras experiencias por el desierto. También nos recuerda que los propósitos de Dios no se pueden frustrar, ni siquiera por nuestra impaciencia. Si no estamos dispuestos a hacer lo que sea necesario para cumplir los planes de Dios, estos se harán realidad a través de la próxima generación.

Cuando Jesús escogió a sus futuros líderes, sabía que le tomaría varios años de trabajo llevarlos al punto donde pudieran caminar en su propósito divino. Tuvo que ejercitar gran paciencia con aquellos que eligió para que lo siguieran. Pedro, por ejemplo, era un pescador rudo y compulsivo dado a los arrebatos emocionales. Juan el amado, que escribió los grandes pasajes sobre el amor en 1 Juan 3 y 4, inicialmente tenía tan mal genio que Jesús le dio a él y a su hermano Santiago el nombre de "hijos del trueno".

Durante tres años, los discípulos fueron testigos directos del poderoso potencial disponible para aquellos que siguieron el ejemplo del Maestro. Cuando Jesús los envió de dos en dos para poner en práctica las lecciones que habían aprendido a sus pies, regresaron con gran gozo, anunciándoles que aun los demonios se les sometían cuando ejercían su autoridad en su nombre. Sin embargo, a medida que Jesús se acercaba al momento de su arresto y crucifixión, encontró a todos sus discípulos durmiendo y no orando. Un miembro de su círculo íntimo, Judas, lo traicionó ante sus enemigos y luego se ahorcó debido a su culpa.

Los otros discípulos lo dejaron y huyeron atemorizados cuando fue arrestado. Pedro, la roca sobre la cual Jesús iba a edificar su iglesia, incluso negó conocer a Jesús. ¡Realmente se necesita mucha paciencia para ayudar a otros a darse cuenta y liberar su potencial! También es cierto que no hay un trabajo más significativo al que se nos convoque que comprometernos con el éxito de otra persona y ayudarla en su búsqueda para caminar en el propósito de ella. Recuerde que cuando fallamos, también necesitamos paciencia con nosotros mismos. Proverbios 24:16 dice: "Aunque los justos caigan siete veces, se levantarán de nuevo".

Debido a que la iglesia a la que ayudé a ser pionera estuvo, en cierto momento, en una comunidad de bajos ingresos; tuvimos que nutrir a los líderes servidores indígenas en vez de contratar ministros ya establecidos. Eso resultó ser una gran bendición para mí, en lo personal, porque me ha obligado a concentrarme en la madurez de los líderes antes que buscar personas experimentadas que sirven por un salario y no comparten mi visión o carecen de un corazón leal a nuestra iglesia y nuestra misión. He tenido que aprender a resolver desafíos de liderazgo revisando primero los que ya teníamos con nosotros. La mayoría de las veces, los recursos humanos que necesitamos para cualquier situación los tenemos a nuestra disposición. Solo tenía que aprender a liberar el potencial.

Por más difícil que sea ayudar a la gente a madurar, observo que el maestro aprende tanto o más que el alumno. En el proceso de ayudar a las personas con sus desafíos, me encontré estirado y forzado a practicar lo que les he estado predicando a otros. Hay obstáculos comunes a todos nosotros en el proceso de crecimiento y aprendizaje. Mientras dirijo a otros, tengo que superar continuamente esos obstáculos en mí mismo para mantener el nivel de mis propias habilidades lo suficientemente alto como para empoderar a otros para que alcancen su potencial "máximo". Si voy a atraer a aquellos con el potencial de una influencia de alto impacto, entonces tengo que mantenerme a la vanguardia del juego y continuar creciendo y liberando mi propio potencial. Muchos pastores y líderes organizacionales pierden a su gente más productiva porque han dejado de crecer en lo personal. Cuando los que están debajo de ellos al fin los superen y descubran que ya no pueden crecer, buscarán —en otra parte— oportunidades para desarrollarse y liberar más de su propio potencial.

Si me llaman para ayudar a una persona que se ha puesto limitaciones a sí misma por baja autoestima y experiencias negativas pasadas, tengo que asegurarme de que no me estoy limitando por mi pasado. Si la persona a la que estoy asesorando no es emocionalmente madura y no tiene la disciplina y el enfoque necesarios para sostener el crecimiento personal a largo plazo, necesito ser muy maduro emocionalmente para caminar en amor y no reaccionar de manera exagerada ante su descamación o falta de disciplina. Cada vez que invertimos nuestro tiempo en otras personas, deberíamos crecer en el proceso. Proverbios 11:25 dice que "el que riega, él mismo será regado".

Cinco etapas del desarrollo espiritual

Al reflexionar sobre mi propia travesía, además de observar las vidas de muchos otros creyentes, he llegado a la conclusión de que hay al menos cinco etapas principales de desarrollo espiritual. Baso esto en casi cuatro décadas de ministerio en la iglesia y el mercado, lo que incluye servir como pastor principal desde 1984. Es importante que entendamos estas cinco etapas para que no nos confundamos cuando hacemos la transición de una etapa a la siguiente. Sin embargo, hay algunos que atrofian su propio desarrollo por la desobediencia a su llamado. Esto da como resultado que no experimente nada más allá de la segunda etapa. Además, no hay un tiempo establecido para cada etapa, y dado que estoy usando un trazo amplio, cada etapa puede superponerse a otras. Dicho esto, hay verdad en estas observaciones generales. Mi objetivo es animar a los creyentes a avanzar a través de las cinco etapas, sin importar lo difícil que sean.

1. La etapa de la luna de miel

Esta es la etapa en la que estamos entusiasmados con nuestra salvación recién encontrada. Jesús nos dijo que nos regocijáramos porque nuestros nombres están escritos en el Libro de la Vida (Lucas 10:17-20). En esta fase no estamos pensando en nuestro llamado; simplemente estamos emocionados porque encontramos una nueva vida en Cristo. ¡Nada más importa, excepto Jesús! Es como cuando alguien se enamora por primera vez de esa persona especial, y los sentimientos románticos —junto con la piel de gallina— le asombran tanto que no puede imaginar que algún desaparezca. Sin embargo, por muy buena que sea esta etapa, Dios nos impulsa a pasar a la siguiente, que es la experiencia.

2. La etapa experiencial

En esta fase comenzamos a descubrir cómo caminar con Dios y empezamos a aprender cómo procesar nuestra fe ante los desafíos y las minucias de la vida cotidiana. Es aquí, en la etapa experiencial, que aprendemos cómo aplicar la fe a nuestra propia vida, a la familia, a nuestras esferas de influencia y responsabilidades. Esta es también la fase en la que aprendemos a responder y arrepentirnos en medio de nuestras propias faltas y pecados. En este nivel también comenzamos a aprender cómo "ocuparnos en [nuestra] salvación con temor y temblor" (Filipenses 2:12). Por lo general, en esta fase las pruebas son útiles para revelar nuestro corazón, nuestras motivaciones y el nivel de compromiso con Cristo. Esta es la etapa que Jesús enseñó en la parábola del sembrador y la semilla, que ilustra cómo se apartan las personas de él porque no tienen raíces fuertes debido a la persecución y la falta de comprensión de la Palabra de Dios (Marcos 4).

3. La etapa de descubrimiento

Esta es la fase en la que, por primera vez, nos damos cuenta de que tenemos un propósito y un llamado en Cristo. Es una etapa emocionante, ya que nos damos cuenta de que no solo fuimos salvos para ir al cielo, sino para caminar en un propósito divino. Aquí es cuando nos damos cuenta, por primera vez, de que Dios nos ha llamado a hacer un gran impacto en nuestras esferas de influencia, ya sea con pocos o con muchos. Aquí, en la etapa de descubrimiento, el Espíritu de Dios nos desafiará a ser responsables como sus mayordomos para manifestar su reino en la tierra como lo es en el cielo (Lucas 11:2-4).

4. La etapa de la pasión por caminar con propósito e identidad

Después que descubrimos el hecho de que tenemos un propósito, casi nos obsesionamos con identificarlo a través del análisis de nuestros dones, habilidades y personalidad naturales, así como por medio de lo que sentimos que Dios nos insta a hacer. Esta es la etapa en la que aprendemos a llevar una vida con propósito y comenzamos a invertir nuestro tiempo en aprender y crecer en nuestra capacidad como seguidores de Cristo. Esta es también la fase en la que empezamos a filtrar nuestros compromisos y nuestras relaciones para que podamos optimizar nuestro enfoque y dar en el blanco de nuestro llamado divino. Aunque es apasionante, no es la más importante. Hasta hace poco pensé que esta, en particular, era la más gratificante y la más alta de todas las etapas; sin embargo, la siguiente es, por mucho, la más importante.

5. La etapa del unísono

Esta quinta etapa es cuando experimentamos tal unidad con Cristo que ya no nos obsesionamos con nuestro propósito o identidad porque hemos perdido nuestra vida funcional en él (Gálatas 2:19-21). La oración de Jesús al Padre fue que sus seguidores fueran "uno" con el Padre y con él (Juan 17:20-24). Aunque hay un elemento posicional y legal en la unidad que no tiene nada que ver con nosotros, mi experiencia me ha demostrado que también hay una unidad existencial y experiencial. Algunos incluso pueden etiquetar esta etapa como mística. Me he referido a ella como "unísono" porque describe la realidad de perderse uno mismo en él hasta el punto en que nuestros deseos, planes y pasiones emanan de su corazón y su voluntad. En esta etapa usted está caminando en libertad y en una comunión casi ininterrumpida con él mientras está aun más consciente de sus propias deficiencias, sus motivaciones y sus deseos impíos. En esta etapa, no solo atesora sus momentos de alabanza y adoración a Dios, sino que comienza a aprender a deleitarse en hacer su voluntad, sin importar cuán dolorosa y triste pueda parecer en ese momento (Hebreos 12:1-2).

En esta fase aprendemos que la expresión más alta de amar a Dios no es solo disfrutar de la persona y la presencia suya, sino el hecho de poner nuestro cuerpo —nuestra carne— en la cruz y obedecerle sin quejas ni remordimientos (Lucas 22:42; Romanos 6:6-9). En esta etapa vivimos para expresar únicamente a Cristo, por lo que todo lo demás —incluido nuestro propósito individual—, se vuelve aburrido y poco atractivo en comparación con su esplendor y su majestad.

Descubrí la etapa del unísono inicialmente por la preocupación de que me había aburrido pensando en mi propósito e identidad. No era que ya no me interesara mi llamado; al contrario, ¡ahora estoy más apasionado que nunca por servir a Cristo! Fue que me encontré tan consumido, enamorado e identificado con Jesús que intuitivamente supe que mi llamado se desarrollaría en forma orgánica mientras continuaba caminando en sus pasos. ¡He descubierto que Cristo es todo (Colosenses 1:16-19)!

Al reflexionar también descubrí que cuando nos obsesionamos o apasionamos por nuestro propósito divino, es posible que todo se trate de nosotros y no de él. Además, apasionarnos por nuestro propósito muestra aun más madurez espiritual que las primeras tres etapas, pero no es el nivel más alto de fe y práctica. Las Escrituras nos informan que el apóstol Pablo dijo que el supremo llamamiento de Dios era conocer a Cristo Jesús al punto que consideremos todas las cosas como basura, a fin de ganar a Cristo (Filipenses 3:4-11). La tentación aquí, por supuesto, es pensar que usted ya está en la quinta etapa porque su espíritu salta cuando lo lee y su mente racional está de acuerdo con el concepto. Sin embargo, se necesitan años de quebrantamiento, internamiento en las Escrituras y crecimiento tanto emocional como espiritual antes de que comience a captar este grado unísono. Por supuesto, nadie llegará completamente a la etapa del unísono, porque sondear las profundidades del conocimiento y el amor de Dios es una tarea para toda la eternidad. Todo lo que digo es que ahora estoy consciente y experimentando esta etapa porque en verdad no me impresionan y me aburren todas las nociones de engreimiento, logros y cualquier cosa menos que conformarme a su imagen (Romanos 8:29-30).

En conclusión, mi oración es que las verdades sobre el proceso de madurez en Cristo nos animen a todos a continuar avanzando en el conocimiento del Señor (Oseas 6:3) y "que os dé, conforme a las riquezas de su gloria, el ser fortalecidos con poder en el hombre interior por su Espíritu; para que habite Cristo por la fe en vuestros corazones, a fin de que, arraigados y cimentados en amor, seáis plenamente capaces de comprender con todos los santos cuál sea la anchura, la longitud, la profundidad y la altura, y de conocer el amor de Cristo, que excede a todo conocimiento, para que seáis llenos de toda la plenitud de Dios" (Efesios 3:16-19 RVR1960).

Capítulo 4

Cómo entender la afirmación

H E OBSERVADO QUE la mayoría de los comentarios que recibimos a diario son negativos. Ya sean los horribles reportes a los que estamos expuestos con los medios o las interacciones que tenemos con la familia, los compañeros de trabajo y los jefes, la gran mayoría de la información que recibimos es negativa, ya sea sobre otra persona o sobre nosotros mismos. El autor y experto en crecimiento personal, Shad Helmstetter, dijo: "Hasta el 77 % o más de todo lo que se registra y almacena en nuestra mente subconsciente es contraproducente y funciona en contra nuestra; en resumen, la mayoría estamos programados para no tener éxito".[1] Por tanto, ¿cómo enfrentamos el pensamiento negativo? Podemos hacerlo con la afirmación. Esta ayuda a neutralizar la negatividad. He oído decir que se necesitan treinta palabras de afirmación para neutralizar un golpe negativo a la autoestima de una persona. La Biblia habla claramente sobre el poder de las palabras. "Del fruto de la boca del hombre se llenará su vientre; se saciará del producto de sus labios. La muerte y la vida están en poder de la lengua, y el que la ama comerá de sus frutos" (Proverbios 18:20-21 RVR1960).

Los líderes tienen la capacidad de motivar a las personas para que se comprometan a largo plazo (con una causa) basándose en la comunicación de una visión convincente. Jesús nos mostró esto de una manera maravillosa. Por lo tanto, la visión permite que las personas visualicen un futuro mejor que el que ellos mismos poseen y crean mediante la asignación y utilización adecuada de sus dones y talentos.

Cuando Kristian vino por primera vez a nuestra iglesia, lo único que vio y sintió fue el perdón de Dios y el gozo de la salvación. No estaba pensando en nada más que en el hecho de que estaba en camino al cielo. Pero cuando lo vi, no solo observé a un nuevo creyente; también sentí su llamado a ser predicador del evangelio y líder prominente. Parecía muy dotado en esas áreas y tenía un claro deseo de ayudar a los demás. Como pastor, uno de los trabajos más importantes que tengo es descubrir y declarar el futuro de las personas, aunque ellas mismas no puedan verlo por ignorancia espiritual o por sus autolimitaciones.

De inmediato llevé a Kristian a uno de mis grupos de mentores, comencé a pasar mucho tiempo con él y lo hice viajar conmigo cuando iba a ministrar en otras iglesias. Aunque no entendía lo que estaba pasando, lo estaba asesorando y preparando para su futuro; primero como hombre y, segundo, como ministro del evangelio.

No mucho después de su conversión, comencé a declararle lo que veía en su futuro para que comenzara a creerlo y tuviera algo por lo cual trabajar en su vida. Aunque lo que le dije no eran palabras que nadie más le hubiera dicho, él las recibió porque simplemente estaba haciendo eco de lo que Dios ya había incrustado en su alma. Cuando le conté sobre su llamado especial y lo afirmé en sus dones y talentos, comenzó a abrazar la visión de lo que podría llegar a ser. A medida que esa visión se hizo real para él, comenzó a liberar su potencial. Empezó a compartir el evangelio en la calle y a ganar personas para Cristo. En un año se convirtió en un líder de grupo pequeño seguro y eficaz, ayudando a otros a crecer y liberar su potencial. Su asombroso paso de un típico adolescente sin padre, sin propósito en la vida, a un líder relevante comenzó con palabras de afirmación y fe que le dieron una visión de su futuro.

Cuando Jesús conoció por primera vez a Simón Pedro, Santiago y Juan, estaban asociados en un negocio de pesca, creyendo que su único propósito en la vida era trabajar duro todo el día para ganarse el sustento para sus familias. Para que Jesús desencadenara su llamado superior, que era convertirse en pescadores de hombres para el reino de Dios, no podía simplemente predicarles. Tenía que entrar en su mundo, por lo que abordó su bote y navegó con ellos. Jesús vio los pensamientos más íntimos de ellos y lo que iban a ser en el futuro cuando se desatara su potencial. Después de demostrar que él era el Señor del reino animal y que podía pescar más peces en un momento que los que ellos podrían capturar toda esa noche, proveyendo más que adecuadamente para ellos y sus familias, estuvieron listos para escuchar lo que él tenía que decirles. Jesús, entonces, podía hablarles en visión y, como resultado, abandonaron sus negocios para seguirlo y aprender de él.

Pero esto fue solo el comienzo del proceso que Jesús usaría para liberar el potencial humano de sus discípulos. Tuvo que seguir recordándoles su llamado, corrigiéndolos, afirmándolos y guiándolos por el camino correcto. Tuvo que enseñarles pacientemente y modelarles cómo ser pobres en espíritu y llorar los pecados de los demás. Tuvieron que aprender a ser pacificadores amables y misericordiosos que pudieran soportar la persecución por causa de la justicia. Jesús les demostró cómo llevar una vida de obediencia a la Palabra de Dios para que pudieran traer luz a un mundo en tinieblas y ser sal para aquellos que necesitaban sanidad física, emocional y espiritual. Jesús habló a sus vidas, diciéndoles que algún día harían obras mayores que las que él hizo.

Equilibre la corrección con la afirmación

Uno de los ingredientes clave que usó Jesús para desplegar el potencial de sus discípulos fue equilibrar la corrección con la afirmación. Incluso él mismo no comenzó su ministerio hasta que su Padre lo afirmó. Leemos en el Evangelio de Mateo que el Padre dijo: "Este es mi Hijo amado, en quien tengo complacencia" (3:17). Esta afirmación del Padre preparó a Jesús para enfrentar la tentación de Satanás y entrar en el ministerio de tiempo completo. Una de las razones por la que muchos fracasan en sus vidas y en su llamado es que no han recibido afirmación de sus mentores, lo que los prepara para la guerra espiritual y la tentación que seguramente vendrá. Sin la afirmación adecuada, la baja autoestima y la falta de confianza pueden hacer que muchos vacilen y renuncien cuando los tiempos se pongan difíciles. Recordar palabras de afirmación y saber que nuestros mentores están de nuestro lado nos da el coraje que necesitamos para continuar con las experiencias de nuestra vida a pesar de todas las tentaciones y pruebas que enfrentemos en el camino.

Jesús ejercitó esto con sus discípulos. Por ejemplo, cuando vio a Natanael venir a él, Jesús le dijo que era un israelita que no tenía engaño (Juan 1:47). Del mismo modo, llamó a Simón la "roca" sobre la cual edificaría su iglesia (Mateo 16:18-19) a pesar del hecho de que Simón era impetuoso e iba a traicionar a Jesús en un futuro cercano. El Señor usó palabras para ayudar a moldear, motivar y formar a sus seguidores, lo que los liberó a su propósito a través del poder de la afirmación.

También hay numerosos ejemplos de la manera en que Jesús usó el poder de las palabras de afirmación (y, a veces, el poder de un toque físico) para sanar a una persona:

- Jesús echó fuera muchas malas influencias de demonios con una palabra (Mateo 8:16).
- Jesús sanó a un leproso con una palabra de afirmación y un toque personal (Marcos 1:40-45; Lucas 5:12-16).
- Jesús pronunció una palabra y le dijo a un mendigo ciego que podía recibir la vista (Marcos 10:46-52).
- Jesús dijo una palabra y expulsó el espíritu de debilidad de una mujer encorvada por dieciocho años (Lucas 13:11-13).
- Jesús cambió la vida de la mujer junto al pozo ofreciéndole agua viva (Juan 4:7-30).
- Jesús le dijo a un hombre enfermo con espíritu de víctima que se levantara, recogiera su camilla y caminara (Juan 5:1-9).

En lo personal, he sentido el impacto del poder de las palabras pronunciadas sobre mi vida por mentores y supervisores. En mi condición de joven que maduraba en mi llamado ministerial, recuerdo cómo las palabras de mi padre espiritual tenían el poder de traer gran gozo a mi vida o gran confusión y depresión.

Una forma en que pude intuir quién era mi padre espiritual fue cuando me preocupé por lo que un supervisor en particular pensaba de mí. Esa fue una señal de que Dios nos conectó en una relación padre-hijo. Esto se debe a que sabía que parte del papel del padre es dar la afirmación que tanto se necesita, así como el Señor Jesús necesitaba la afirmación de su Padre antes de ministrar (Lucas 3).

Recuerdo una vez que pasé horas conduciendo para pasar tiempo con mi supervisor original, que se había mudado del pastorado en el que servía. Cuando llegué allí, sus planes cambiaron y me dio dinero para que pudiera comprarme algo para cenar. Aunque tenía buenas intenciones, no entendía cómo su falta de atención hacia mí me aplastaba emocionalmente. En ese momento supe que ya no era una prioridad para él (debido a que se mudó fuera del estado), y comencé a orar para encontrar otro supervisor que también me sirviera como padre espiritual. Por la providencia de Dios, finalmente me conecté con mi supervisor actual, John Kelly, que ha sido un extraordinario padre espiritual para mí desde 1989. Dios lo ha usado tremendamente para moldearme y formarme a través de sus palabras, habilidades estratégicas y ministerio poderoso. ¡Yo no estaría donde estoy hoy sin su función como padre espiritual!

El poder de afirmar palabras y acciones también ha sido integrado biológicamente por Dios para afectar a toda la persona, incluso según la ciencia. Tomemos por ejemplo la forma estratégica en que Dios diseñó el cerebro humano, integrando todas sus partes. Hablando en términos biológicos, Dios creó nuestros cerebros para que tuvieran una parte intelectual, la corteza cerebral, y una parte emocional, el sistema límbico (con la forma parecida a una salchicha que va desde la frente hasta la parte posterior de la cabeza, debajo de la materia gris, a la que estamos acostumbrados a ver cuando observamos imágenes del cerebro). Según el Centre for Neuro Skills, "el tronco encefálico juega un papel vital en la atención básica, la excitación y la conciencia. Toda la información hacia y desde nuestro cuerpo pasa a través del tronco encefálico en el camino hacia o desde el cerebro".[2]

Hay millones de conexiones entre las tres partes de nuestro cerebro. Algunas personas son demasiado emocionales y no usan su parte intelectual, haciendo lo que sea que sus impulsos emocionales los lleven a hacer. Otros son demasiado intelectuales y no están en contacto con los sentimientos, causando todo tipo de problemas emocionales y espirituales inconscientes, sin siquiera percatarse del componente emocional en ellos.

Jesús usó todo su cerebro y quiere que nosotros hagamos lo mismo. Él dio un ejemplo perfecto, no solo por tener una inteligencia sobrenatural, sino también por mostrarnos su lado emocional, que incluye llorar, afligirse, enojarse y amar a su querida familia y a sus amigos. La Biblia enseña que si vemos llorar a nuestros seres queridos, no debemos acercarnos a ellos y animarlos a que dejen de llorar, sino que debemos darles un abrazo y "llorar con los que lloran" (Romanos 12:15). Jesús empleó su profunda sensibilidad hacia la condición humana para impartir palabras y toques que impactaron la función cerebral de otros, logrando así no solo sanidad física, sino también emocional. Fue un artífice en la reconfiguración interna y la recalibración para cada persona que lo encontró en la fe.

Incluso la ciencia nos enseña que las palabras tienen el poder de alterar positivamente el cerebro, que a su vez alterará todo el organismo.

En mi propia investigación, descubrí que las palabras tienen el poder de alterar los genes que regulan nuestro estrés emocional y físico. Las palabras positivas involucran los componentes motivacionales de nuestro cerebro, lo que cataliza la acción. Además, el razonamiento cognitivo aumenta y nuestros lóbulos frontales se fortalecen cuando decimos y escuchamos palabras positivas. Por el contrario, las palabras negativas inhiben los neuroquímicos que controlan el estrés. En realidad, liberan hormonas productoras de estrés en nuestros sistemas neurológicos y biológicos. En consecuencia, el miedo que liberan las palabras negativas perturba nuestra capacidad de razonar al limitar la funcionalidad de nuestros lóbulos frontales. (Para obtener más detalles sobre este tema, lea *Words Can Change Your Brain* [Las palabras pueden cambiar su cerebro], por los doctores Andrew Newberg y Mark Robert Waldman).

En resumen, la clave para cambiar todas las demás áreas de nuestro cerebro es concentrarnos en cosas positivas. Incluso la sección del cerebro llamada tálamo, que afecta la forma en que percibimos la realidad, puede verse alterada por nuestras palabras.

El método del sándwich

Sabemos, por supuesto, que a menudo también se necesita corrección a medida que avanzamos en este camino hacia el potencial desencadenante. He oído decir que por cada corrección que damos a nuestros hijos, ¡debemos darles diez palabras de afirmación y aliento! También debemos hacer eso con aquellos a quienes estamos asesorando a medida que avanzan hacia el cumplimiento de su destino. Una manera fácil de recordar esto es utilizar el "método del sándwich" para equilibrar la afirmación y la corrección. El "método del sándwich" es este: los pedazos de pan, en la parte exterior del sándwich, representan las metáforas para comenzar y terminar su conversación con elogios o alguna forma de afirmación positiva. La carne que va en el medio del sándwich es la corrección. Por simple o tonto que parezca, en realidad es que es bastante efectivo porque es fácil de recordar y, si se sigue, nos permite mantener una perspectiva adecuada cuando existe la necesidad de una corrección constructiva. Liberar el potencial de una persona es mucho más efectivo cuando equilibramos nuestro enfoque con los rasgos positivos de una persona y no solo con las acciones negativas que estamos ayudando a superar.

Junto con el método del sándwich para la corrección, debemos practicar el hábito del análisis constante. Cuando sus discípulos regresaron después de que los envió a predicar y ministrar, Jesús los llevó aparte, en privado, para analizarlos y corregirlos (Lucas 9:1-27). Proverbios 27:6 nos enseña que "Más se puede confiar en el amigo que hiere que en el enemigo que besa" (DHH). Esto significa que tiene que haber lugar para la corrección en toda relación verdadera; de lo contrario, es superficial y falsa. Si realmente amo a una persona y quiero ayudarla a alcanzar su potencial, tengo que ser franco y mostrar corrección cuando sea necesario, tal como lo hizo Jesús.

Proverbios 9:8 declara que si usted reprende o corrige a un hombre sabio, le amará por ello. Pero si reprende a un necio, le odiará por ello, así que no pierda su tiempo con él. Si habla cuidadosamente con la verdad en amor, dando reprimendas precisas —pero educadas y respetuosas a aquellos a quienes está asesorando, y utiliza el método del sándwich para equilibrar la afirmación con la corrección—, obtendrá buenos resultados. Sin embargo, si la persona a la que está asesorando cree que es perfecta y se niega a aceptar la corrección, deje de asesorarla y dedique su tiempo a alguien que pueda aprender.

Recuerde que Dios nos da opciones. Tres cosas determinan cuánto potencial liberaremos: nuestros genes, nuestro entorno (especialmente en los años de crecimiento) y nuestras decisiones. Los genes malos, por lo general, se pueden superar con una dieta adecuada y, a veces, con medicamentos. Un mal ambiente infantil se puede sanear con un buen asesoramiento cristiano y una buena tutoría. Sin embargo, el factor más importante en nuestras vidas son las decisiones que tomamos. Conozco personas que heredaron excelentes genes, tuvieron padres extraordinarios y asistieron a una iglesia saludable, y aun así terminaron en lugares horribles emocional y espiritualmente, debido a las malas decisiones que tomaron en el camino. Como padres, todos cometemos errores, pero cuando nuestros hijos crezcan, tenemos que seguir entregándolos a Dios y no culparnos por las decisiones que ellos tomen. Lo mismo se aplica a aquellos a quienes asesoramos. Jesús ofreció su amor incondicional, enseñó principios sólidos y llevó una vida ejemplar ante todos sus discípulos. Sin embargo, Judas tomó malas decisiones y se quitó la vida en vez de desarrollar su verdadero potencial. Los hijos de Israel no obedecieron la Palabra del Señor ni entraron a su tierra prometida porque se vieron a sí mismos como langostas y a sus oponentes como gigantes. ¡Su baja autoestima alimentó su incredulidad y destruyó su destino! En la vida de Kristian, las palabras que le hablé y las Escrituras que leyó borraron gradualmente la imagen que tenía de sí mismo. ¡Su disposición a crecer permitió que el Espíritu de Dios pintara una imagen completamente nueva de él en el lienzo de su corazón! Dios quiere hacer lo mismo por todos nosotros.

Capítulo 5

Amar y ser amado

LOS HUMANOS SOMOS la única especie viva en el planeta tierra que se dice que está hecha a imagen y semejanza de Dios; por lo tanto, ¡tenemos un potencial casi ilimitado (Génesis 1:26)! Romanos 8:29 dice que el propósito de Dios con nosotros es que seamos conformados a la imagen de Cristo. El apóstol en 1 Juan 4:17 nos enseña que así como es Jesús, deben ser los creyentes en este mundo. Eso no significa que el propósito de Dios para nosotros sea que vistamos con túnica, que usemos barba, que tengamos un ministerio público y que muramos en una cruz. Jesús personificó el amor de Dios por nosotros al dejar de lado todo lo que significaba ser Dios para venir a la tierra como hombre. Su amor desinteresado y sacrificado se mostró para que todos lo vieran cuando murió de una forma tortuosa en la cruz, de modo que la humanidad pudiera ser perdonada por aquellas cosas que hacemos en la vida que lastiman a otros o a nosotros mismos.

Conformarnos a la imagen de Jesús significa que tenemos la oportunidad de mejorar en cuanto a amar y aceptar el amor de los demás. Cuanto más amamos, desarrollamos una actitud centrada en los demás y aplicamos la sabiduría de Jesús, y más se desata nuestro potencial humano. Como Jesús, estamos llamados a hacer cosas grandes y amorosas ahora, mientras estemos vivos.

He descubierto que a la mayoría de las personas no les importa mi educación, mis títulos ni la amistad que tengo con celebridades y personas poderosas. La verdad es que a la gente no le importa cuánto sabe usted. Solo quieren saber cuánto les importa. Si voy a ayudar a otros a liberar su potencial humano, tengo que ser mucho más que un miembro profesional del clero o un consultor de liderazgo. Tengo que ser un mentor, en unos casos un entrenador, y en otros —más excepcionales— debo ser un padre espiritual o de crianza. A veces, el potencial humano de un individuo se atrofia hasta que intervengo y ayudo a sanar las heridas causadas por la ausencia o el abandono de un padre o tutor terrenal.

En el Nuevo Pacto, Dios se nos revela de manera personal, no como "el gran apóstol" o "el general", sino como nuestro "Padre celestial". Fue nuestro Padre celestial el que nos creó y nos asignó a cada uno de nosotros los dones y habilidades que determinan nuestro potencial. Luego nos dio un padre terrenal para ayudarnos a liberar ese potencial. A menudo se nos da tanto un padre natural como un padre espiritual para guiarnos a través del proceso necesario para alcanzar nuestro máximo potencial. Aunque he sido consagrado obispo y he obtenido un doctorado, el título más importante que tengo es cuando los hombres y mujeres de la iglesia me llaman "papá" o "papi". Ser padre espiritual es posiblemente el llamado más alto de cualquier mentor, entrenador o líder potencial puesto que en esa función ejemplificamos verdaderamente el amor de Dios.

Esto es especialmente importante en nuestra actual sociedad huérfana, en la que muchos jóvenes han venido a nuestras iglesias con "un espíritu huérfano" por haber sido abandonados por sus padres naturales. Dios puede usar padres espirituales como padres sustitutos para ayudar a sanar sus heridas de rechazo y abrir una puerta para que el amor de Dios Padre sane sus heridas y los restaure emocionalmente a un lugar sano.

Jesús nos dijo que Dios nos ha llamado a todos y cada uno de nosotros para continuar su obra aquí en la tierra. Él nos promete que Dios nos ha capacitado no solo para hacer lo que hizo, sino también para lograr cosas aun mayores (Juan 14:12). Liberar su potencial humano significa cumplir la Gran Comisión y ejemplificar el Gran Mandamiento (Mateo 28:19; 22:37-40).

La danza del amor

Cumplir la Gran Comisión y ejemplificar el gran mandamiento solo se puede lograr sirviendo a Dios y a su prójimo, llevando una vida equilibrada para resguardar su cordura y dejando este mundo como un lugar un poco mejor de lo que hubiera sido si usted nunca hubiera nacido. La mayoría de las personas desperdician sus vidas en una tonta carrera de ratas. Todos nosotros, en mayor o menor grado, pasamos por la vida sintiéndonos "nadie" a la vez que tratamos de demostrarle al mundo que somos "alguien". Qué superficial sería la vida si no tuviéramos un propósito mayor que simplemente existir hasta que se complete nuestro tiempo en la tierra. Liberar su potencial humano comienza con dedicar su vida a servir, reír y llorar con sus seres queridos.

La experiencia y la investigación me han convencido de que las únicas personas en el mundo que tienen verdadera felicidad y significado son las que desarrollan el don de amar y dejarse amar. Dado que existen altas tasas de suicidio incluso entre los más ricos, pensar que el éxito financiero es la clave para ser extraordinario y liberar su verdadero potencial podría ser el peor error que cometa.

Les deseo éxito financiero a todos ustedes, siempre y cuando lo mantengan en perspectiva. Amar y ser amado por Dios y usar sus dones y sus talentos para servirle a él y a los demás, cumpliendo así el gran mandamiento es mil veces más importantes que su patrimonio neto. Conozco a muchas personas ricas que usan su tiempo y su dinero para servir a Dios y ayudar a la humanidad, y son bastante felices. La Biblia habla de Abraham y Job, que siguieron siendo hombres piadosos a pesar de que eran los más ricos de la tierra en su momento. En el Libro de Eclesiastés, el rey Salomón anima a los ricos a disfrutar de su riqueza pero no a vivir para ella. Sin embargo, un mayor porcentaje de personas ricas ha cometido el error de vivir en busca del oro de los tontos en vez del verdadero, por lo que sufren una gran soledad y falta de sentido al final de sus vidas. El verdadero oro proviene de comprender el gran mandamiento y usarlo para bailar con el mundo, esparciendo el amor de Dios alrededor.

La Gran Comisión, en Mateo 28:19-20, que nos anima a ir a todo el mundo para difundir el evangelio del amor y la redención de Dios (en el tiempo imperativo pasivo del griego original, para que se traduzca con mayor precisión) dice: "Mientras vayas por el mundo, propaga las buenas nuevas". A medida que avanzamos en el mundo, somos llamados a ser las cartas de amor de Dios para todas las personas con las que tengamos contacto.

El apóstol Pablo, que escribió la mayoría de las epístolas del Nuevo Testamento, elogió a aquellos a quienes había discipulado personalmente en Corinto por el amor que mostraron al resto del mundo a través de sus actos y comportamientos rebosantes de amor genuino. En 2 Corintios 3:2-3, les hizo el mayor cumplido que podría expresarle a alguien, y describió a esos discípulos como epístolas o cartas de amor de Jesús al mundo. "Es evidente que son una carta de Cristo que muestra el resultado de nuestro ministerio entre ustedes. Esta 'carta' no está escrita con pluma y tinta, sino con el Espíritu del Dios viviente. No está tallada en tablas de piedra, sino en corazones humanos" (NTV). Dios no nos llama a todos a convertirnos en misioneros extranjeros profesionales de tiempo completo, pero sí nos llama a todos a ser representantes de su amor de tiempo completo.

El toque personal

Se ha citado a Mark Twain diciendo: "Por lo general, no es lo que comes lo que te da indigestión, ¡es lo que te está comiendo!". Si vamos a tener éxito ayudando a otros a ser extraordinarios, entonces debemos comprometernos personalmente con ellos y descubrir la causa raíz de cualquier cosa que perturbe la maximización del propósito. La simple colocación de una persona en algún tipo de programa oficial nunca puede reemplazar el toque personal que cada individuo necesita. Un artículo reciente del *New York Times* indicó que ahora hay evidencia científica relacionada con cómo el contacto físico personal, en realidad, mejora el rendimiento y la actitud de las personas.[1]

Los investigadores han dicho con respecto al contacto físico: "Los toques momentáneos, dicen, ya sea chocar los cinco dedos con entusiasmo, una mano cálida en el hombro o un toque espeluznante en el brazo, pueden comunicar una gama aun más amplia de emociones que los gestos o las expresiones y, a veces, hacerlo de forma más rápida y precisa que las palabras... La evidencia de que tales mensajes pueden conducir a cambios claros y casi inmediatos en la forma en que las personas piensan y se comportan se está acumulando rápidamente."[2]

Se está investigando que el contacto físico puede incluso mejorar el rendimiento en competencias atléticas. "Para ver si un rico vocabulario de toque de apoyo está realmente relacionado con el rendimiento, los científicos de Berkeley analizaron —hace poco— las interacciones en uno de los escenarios físicamente más expresivos del mundo: el baloncesto profesional. Michael W. Kraus dirigió un equipo de investigación que codificó cada golpe, abrazo y choque de cinco en un solo partido jugado por cada equipo en la Asociación Nacional de Baloncesto a principios de la temporada pasada". Los resultados del estudio indicaron que "los buenos equipos tendían a ser más afectuosos que los malos".[3] Realmente hay poder en el contacto físico. Por supuesto, los depredadores también pueden usar el contacto físico y los abrazos de manera pecaminosa, así que tenga cuidado con quién abraza, cuándo y dónde.

Un enfoque integral

Algunas víctimas de diversas formas de abuso infantil están llenas de voces negativas internas, una baja opinión errónea de sí mismos y un miedo a la intimidad con las personas amorosas que los rodean. Algunos tienen una variedad de factores genéticos que los hacen más propensos a desarrollar síntomas no deseados, como el trastorno bipolar, el trastorno obsesivo-compulsivo, el TDAH o varios tipos de depresiones genéticas. Algunos tienen factores genéticos que les hacen sufrir dolor emocional y fatiga. Otros tienen factores nutricionales que contribuyen a su depresión. La mala nutrición afecta a miles de millones en todo el mundo, incluso a los estadounidenses ricos que viven consumiendo alimentos poco saludables.

Para liberar el potencial humano, debemos emplear un enfoque integral, analizando todos y cada uno de los factores que pueden estar contribuyendo a los síntomas no deseados que sofocan la capacidad de la persona para liberar su potencial. También están aquellos que son pasivos y controlados por otros que necesitan ser más asertivos e independientes. Otras personas están cargadas de ira reprimida por varios tipos de abuso y al fin pueden desatar esa ira de maneras poco saludables que destruyen las relaciones.

Usted puede afirmar verbalmente a alguien con elogios por un trabajo bien hecho, pero también puede hacerlo con una palmada en la espalda, un cálido apretón de manos y un abrazo respetuoso. Cuando estudiamos la vida de Jesús, vemos cuán cálido y cariñoso era al tocar y ser tocado por quienes lo rodeaban. Creo que una de las cosas más importantes que hizo para desatar el vasto potencial de sus discípulos fue conducirse de manera informal y personal con ellos. En la Última Cena vemos al apóstol Juan apoyado en el pecho de Cristo, lo que muestra la correlación entre el amor, la aceptación, el toque personal y el desarrollo del liderazgo. Jesús llamaba a sus discípulos más cercanos "amigos", no "siervos". Fue franco, auténtico con ellos, y les reveló las cosas íntimas que el Padre le dijo en privado. Jesús trató a sus discípulos de la misma manera que Dios trató a Moisés, a quien conoció cara a cara, y a Abraham, a quien llamó amigo. Mientras pendía de la cruz, una de las últimas cosas que hizo fue elegir a Juan para que tomara su lugar como hijo de María y cuidara de ella. En cierto sentido, Jesús estaba mostrando que también veía a Juan y sus discípulos como sus hermanos, no solo como miembros de una orden religiosa.

Siguiendo el ejemplo de Cristo, me di cuenta hace mucho tiempo de que mi trabajo principal como pastor es desarrollar

LOS PRINCIPIOS DE JESÚS

hijos e hijas, no solo empleados y miembros de la iglesia. Mi toque personal y afirmarlos como parte de mi familia espiritual los motivará a convertirse en todo lo que pueden ser. Ellos, a su vez, se comportarán con los demás de la misma manera personal. Por el contrario, cuando los mentores y líderes no son sinceros con las personas que están capacitando, muestran que son socialmente disfuncionales o que tienen problemas para confiar en los demás. Sus seguidores perpetuarán aun más esta disfunción entre aquellos a quienes están entrenando, enseñando y asesorando.

Por lo general, recomiendo que los pastores, mentores y líderes tengan amigos cercanos que sean compañeros que se alienten mutuamente. A menudo, otro pastor, mentor o líder en un área similar es una buena persona con la que se puede asociar. Las únicas personas que tienen alegría y significado en esta vida son aquellas que poseen algunos amigos a los que pueden amar incondicionalmente y ser amados de la misma manera.

Tratar a los individuos como amigos significa que compartes cosas íntimas con ellos, les muestras el corazón y el alma, pasas tiempo con ellos, te diviertes con ellos y disfrutas de su compañía en medio de todo el trabajo que realizan juntos. Esto contrasta con un arreglo comercial de contratación de jefes en el que las personas sirven en un trabajo. Los empleados ingresan a las 9:00 de la mañana y se van a las 5:00 de la tarde en punto, aun cuando haya cosas urgentes sin hacer, porque no les importa el trabajo que realizan. Cuando los líderes tratan a las personas como amigos, demuestran que la relación es la base de su trabajo conjunto, lo que engendra un espíritu de propiedad y comienza a liberar el potencial dentro de los demás.

Mire lo que lograron los discípulos de Jesús en un mundo sin automóviles, aviones, teléfonos ni computadoras después de menos de tres años bajo su tutoría. ¿Puede imaginarse el potencial que se puede liberar en aquellos a quienes estamos llamados a liderar y guiar con todo lo que está a nuestra disposición en el mundo de hoy?

Religión o relación

Una de las cosas más penetrantes en el mundo de la iglesia actual es ese cristianismo basado en el desempeño que es más religioso en naturaleza que relacional. Esta expresión del cristianismo prevalece en culturas eclesiásticas repletas de prácticas religiosas pero carentes de relaciones transparentes y genuinas. Al leer el Nuevo Testamento, encuentro que el reino de Dios no es edificado por el ministerio sino por las relaciones.

Por desdicha, muchos líderes espirituales solo saben cómo influir en las personas desde detrás de su púlpito y se sienten incómodos cuando se relacionan informalmente con ellas en entornos sociales. Estos líderes casi siempre son distantes y se incomodan en cualquier entorno en el que no estén en una posición de poder mientras ministran a los demás. Aunque el ministerio del púlpito es de vital importancia para ayudar a las personas maduras en la fe, el potencial de una persona quedará sin explotar fuera de la relación. Aquellos que reciben mentoría necesitan conexiones intencionales e informales con sus líderes espirituales.

Los jóvenes de hoy anhelan especialmente una experiencia cristiana genuina, informal y relacional porque dudan del modelo eclesiástico institucional, religioso y plagado de escándalos. Aunque el término general usado para describir a los seguidores de Cristo ha sido "cristianos", los creyentes solo fueron llamados así tres veces en el Nuevo Testamento (Hechos 11:26; 26:28; 1 Pedro 4:16).

En contraste, Jesús se llamó a sí mismo "el camino" (Juan 14:6), y la iglesia primitiva fue descrita por otros como "el Camino", como está registrado en el Libro de los Hechos (9:2; 19:9, 23; 24:14, 22), y también como "esta vida" (Hechos 5:20). En consecuencia, si deseamos los mismos resultados que Jesús y la iglesia primitiva, debemos promover una cultura de fe que sea más un estilo de vida (que se integre orgánicamente a la perfección en nuestra vida privada, familiar, laboral y eclesiástica) y no la cultura religiosa actual que reserva tiempos específicos para la práctica y el comportamiento religiosos.

En otras palabras, en el siglo veintiuno necesitamos retroceder, volver al camino de Cristo y sus apóstoles, antes de que podamos avanzar y experimentar una transformación personal completa, alcanzando así nuestro potencial como lo diseñó Dios. Por supuesto, para comprender completamente la metodología del Nuevo Testamento y cómo liberó Jesús el potencial humano e hizo extraordinarios a sus discípulos, es vital que entendamos el trasfondo cultural y religioso de todos ellos. Con esto presente, es útil para nosotros comprender el método de discipulado común de los rabinos judíos en los tiempos de Jesús y contrastarlo con el método de Cristo para que podamos obtener una mayor apreciación de su enfoque radical basado en la afirmación de su señorío.

En apariencia, no parece haber una diferencia esencial entre los métodos de discipulado de Jesús y los de los rabinos de su tiempo. Por ejemplo, tanto Jesús como los rabinos tenían discípulos o estudiantes que se unían personalmente a ellos. Sin embargo, un examen más detallado muestra que existían diferencias fundamentales entre estos dos enfoques. A continuación se muestran esos contrastes:

- Los *talmidim* (discípulos de los rabinos) elegían a su propio maestro. Jesús escogió a sus propios discípulos (Lucas 9:57-62; Juan 15:16). Marcos 5:18-19 muestra cómo hasta Jesús rechazó a algunos que querían seguirlo. Él fue deliberado e intencional en cuanto a con quién se conectaría.

- Los *talmidim* elegían al rabino en base a su conocimiento de la Torá (las escrituras del Antiguo Testamento) porque la ley era el centro del judaísmo. El rabino solo tenía autoridad en la medida en que conocía la Torá; la autoridad pertenecía a la Torá, no a ningún rabino individual. En contraste, Jesús esperaba que sus discípulos renunciaran a todo, no por causa de la Torá, sino solo por su causa (Mateo 10:38). En el Nuevo Pacto, Jesús es el centro del universo, no la Torá (o la Biblia). Lea Juan 5:39-40 y Colosenses 1:17. Por supuesto, las Escrituras dan testimonio de Cristo si se leen con un corazón descubierto. (Ver 2 Corintios 3:15-18).

- En el judaísmo, ser discípulo era algo transitorio, un medio para un fin, con el objetivo de convertirse en rabino. Para los discípulos de Jesús, el discipulado no era un paso hacia una carrera prometedora. Seguir a Jesús era en sí mismo el cumplimiento del destino (Romanos 8:29-30). En otras palabras, no existe una graduación o título oficial que complete nuestro proceso de discipulado. Es un proceso constante que continúa hasta nuestro último aliento en esta vida y más allá (Filipenses 3:7-14; 2 Pedro 3:18).

- Los discípulos de los rabinos eran solo sus estudiantes, nada más. Los discípulos de Jesús también

fueron sus siervos que se comprometieron a obedecerle y sufrir por su causa (Mat. 16:24-25; Juan
12:26).

- Los discípulos de los rabinos simplemente trans-
mitían sus enseñanzas. Los discípulos de Jesús
fueron llamados a estar con él (Marcos 3:14) y a
ser sus testigos (Hechos 1:8).

- Los discípulos de los rabinos trataban de recuperar
la antigua gloria de la nación de Israel. Los discípulos de Jesús fueron (y aún son) la vanguardia
del reino venidero y esperan el segundo regreso
corporal del Rey Jesús.

- Para los discípulos del judaísmo rabínico, seguir la
letra de las 613 leyes y las interpretaciones rabíni-
cas de la Torá era de suma importancia. Pero para
Jesús, seguir las minucias de la ley ceremonial no
era tan importante como cuidar el alma humana
(Marcos 2:1-12; 3:1-6).

- Los rabinos judíos enfatizaban la separación de
los no judíos y de aquellos que eran impuros. Jesús
enseñó que amar a nuestro prójimo es igual a amar
a Dios, independientemente de si la persona es
judía (Mateo 22:37-40; Lucas 10:30-37).[4]

El hecho de que Jesús siempre tuvo la intención de que sus
seguidores continuaran con su ministerio terrenal de hacer
que las personas desarrollaran su potencial al máximo y
hacer avanzar su reino, queda claro al referirse al comienzo del Libro de los Hechos, en el que Lucas afirma que la
narración de su evangelio registró todo lo que Jesús comenzó a hacer y decir hasta que fue llevado al cielo, después de
lo cual —por medio del Espíritu Santo— dio instrucciones
a los apóstoles que había elegido (Hechos 1:1-2). En otras

palabras, Jesús pasó su obra a sus apóstoles antes de ascender al cielo porque la narración de Lucas es simplemente un registro de lo que Jesús "comenzó a hacer". Por implicación, su obra continuó a través de la iglesia, como se registra en la narración de los Hechos. Por lo tanto, si verdaderamente vamos a caminar en nuestro potencial y cumplir con nuestra misión, debemos estudiar la vida de Jesús, andar como él anduvo e invertir en los demás tal como él lo hizo.

Empodere a otros

Permítame concluir con un extracto ligeramente parafraseado basado en el capítulo 11 de mi libro *An Anthology of Essays on Cutting Edge Leadership*.[5]

Las siguientes son formas en que podemos empoderar a otros para que alcancen su potencial:

Empoderar a las personas permite que otros cometan errores.

Algunas personas se preocupan más por hacer un trabajo correctamente que por capacitar a los individuos para que aprendan a hacerlo. Cuando todo lo que nos importa es hacer bien el trabajo, no delegaremos verdaderamente la autoridad a otros para que realicen la tarea. Esto se debe a que vemos a las personas simplemente como una extensión de nuestros brazos y nuestras piernas, pero no de nuestro cerebro. No dejamos que otros piensen por sí mismos. Al contrario, le damos a la persona una tarea para que la realice y luego la corregimos constantemente a medida que la va haciendo. Por otro lado, empoderar a las personas a menudo permite que aquellos a quienes se asignan las tareas cometan errores y luego los critican con gracia después de completar cada una de ellas.

75

Empoderar a las personas no tiene que ver con microgestión.
La microgestión solo se debe realizar si un líder está trabajando con una persona que no está capacitada ni calificada para una tarea en particular. Este tipo de acuerdo laboral solo debe ser temporal porque a nadie se le debe asignar una tarea para la cual no tiene la habilidad potencial. Una vez que se completa la transición a la competencia laboral, el líder debe permitir que el trabajador realice tareas con solo una supervisión macro.

La microgestión genera una atmósfera de desconfianza y comunica a la persona encargada de la tarea que el líder, realmente, no confía en ella. Los microgerentes habituales, por lo general, no tienen ni idea de qué es empoderar a otros.

Empoderar a las personas tiene que ver con enfocarse en los rasgos positivos de los demás.
Todos tropezamos en muchas maneras. Todos solemos fallar en las tareas al menos el diez por ciento del tiempo, dependiendo de cuánto trabajo extra tengamos. Además de eso, siempre habrá errores en cierto porcentaje de las tareas que realizamos. Más aun, una persona tiende a hacer un trabajo de manera diferente a la siguiente. En consecuencia, siempre tendremos la oportunidad de señalar cosas que la persona no hace correctamente. Por lo tanto, debemos intentar concentrarnos más en lo que el individuo al que se le asignó la tarea hizo correctamente y en los resultados del trabajo realizado, no en los errores. Por supuesto, la excepción a esto es si alguien arruina totalmente una tarea o no sigue las pautas dadas.

Cuando nos enfocamos en las contribuciones positivas de los demás, les infundimos confianza y los motivamos a continuar desempeñándose a un alto nivel.

Empoderar a las personas implica dar críticas constructivas, no destructivas.

Debe haber tiempos programados periódicamente después de que se complete cada tarea principal con el fin de revisar el trabajo y evaluar si se cumplieron los objetivos. Esto debe basarse en los criterios dados antes de que se intentara la tarea para que haya una forma objetiva de medir si se realizó con excelencia. El interrogatorio usual permite que la persona a la que se le asigna una tarea comprenda si está progresando en el trabajo y cuál es su posición con respecto a su empleo.

No es justo decirles a las personas, un año después de haber comenzado un trabajo, que no se están desempeñando bien. En ese momento, su trabajo ya está en peligro y ni siquiera se les ha dado la oportunidad de mejorar porque no recibieron comentarios.

Aquellos que desean trabajar con un espíritu de excelencia, por lo general agradecen la crítica constante y constructiva. Por supuesto, cuando los líderes menosprecian a las personas, las insultan, las menosprecian o hablan de manera condescendiente, están dispensando críticas que pueden destruir, no edificar, a quienes trabajan para ellos.

Empoderar a las personas brinda pautas, objetivos y resultados esperados.

Empoderar a las personas (líderes, gerentes en este contexto) les da, a quienes trabajan para ellos, las pautas generales para los puestos y los objetivos de las tareas, junto con el resultado final que buscan. Esto permite a las personas a las que se les asignan las tareas "avanzar con determinación y creatividad hacia una meta u objetivo" sin una supervisión excesiva ni la constante preocupación por cometer errores, por lo que pueden desempeñarse mejor y con mayor confianza.

Restarles poder a las personas asignándoles tareas únicamente, solo proporciona pautas, metas y objetivos ambiguos que hacen que nadie, excepto el líder, sepa realmente si el trabajo se está haciendo bien o mal. Cuando los líderes hacen eso, es una señal de que no tienen objetivos reales para una tarea o que simplemente están tratando de ejercer control psicológico sobre sus trabajadores.

Empoderar a las personas ayuda a conectar a otros con su pasión, sus dones y su vocación.

Empoderar a las personas intenta cuadrar a las personas con las tareas de acuerdo a sus dones, su pasión y sus habilidades. Los que restan poder a otros no tienen en cuenta esas cosas y, a menudo, tratan de aplicar soluciones no adecuadas. Los que empoderan se enorgullecen de poder ayudar a las personas a volar como águilas a alturas inimaginables, mientras que los que restan poder se preocupan más por realizar las tareas que por liberar el potencial humano. Las personas que empoderan también son sensibles y conducen a cada persona de manera diferente según su experiencia, personalidad y temperamento.

Empoderar a las personas se enfoca en inspirar a las personas más que en obligarlas a actuar.

El empoderamiento de las personas proyecta una visión que inspira a sus seguidores a realizar grandes cosas, mientras que los que restan poder —a menudo— simplemente dan órdenes y exigen resultados. Cuando usted inspira a las personas, estas se desempeñan a un nivel mucho mayor porque se les permite tomar sus propias decisiones para servir y tienen un mayor compromiso, mientras que aquellos que simplemente siguen órdenes harán lo suficiente para complacer al líder y, por lo general, no aprovechará mucho sus capacidades creativas.

Las personas empoderadas participan en el diálogo, pero los que no empoderan dictan sus deseos e ideas.
Las personas empoderadas intentan permitir un diálogo fluido entre sus seguidores y ellos en proyectos relacionados con el trabajo. Estos líderes entienden la importancia de recibir retroalimentación periódica de sus subordinados para que comprendan mejor cómo realizar las tareas. Por el contrario, las personas que quitan poder a los demás no suelen entablar diálogos, sino que simplemente dictan qué y cómo quieren que se haga un proyecto. Las personas bajo este tipo de líderes, de una u otra forma, pierden la motivación para pensar; por lo que, simplemente, siguen órdenes como si fueran robots porque saben que sus opiniones realmente no importan. Los líderes dictatoriales casi nunca multiplican líderes; simplemente retienen a los seguidores que han permitido que se limite su creatividad.

Capítulo 6

Cómo liberar el potencial
de los demás

JESÚS SIEMPRE MODELÓ el liderazgo (Lucas 11:1; Juan 13:4-15). Uno de los mayores obstáculos para las personas es cuando ven que sus líderes tienen un doble rasero. Cuando viven con estándares más bajos que el mensaje que predican, invalidan su enseñanza y generan falta de respeto y animosidad hacia ellos entre sus seguidores. Tenemos que poseer algo más que buena oratoria y retórica, y hacer más que simples sermones si vamos a ayudar a liberar el potencial de las personas. Verdaderamente, la herramienta más efectiva para liberar el potencial es la tutoría y convertirse en un modelo a seguir. Jesús motivó a sus discípulos a alcanzar la grandeza encarnando un estilo de liderazgo de servicio en el que nunca le pidió a nadie que hiciera algo que él no lo hubiera modelado primero. El Libro de Juan dice:

> Sabía Jesús que el Padre había puesto todas las cosas bajo su dominio, y que había salido de Dios y a él volvía; así que se levantó de la mesa, se quitó el manto y se ató una toalla a la cintura. Luego echó agua en un recipiente y comenzó a lavarles los pies a sus discípulos y a secárselos con la toalla que llevaba a la cintura.
> Cuando llegó a Simón Pedro, este dijo:
> —¿Y tú, Señor, me vas a lavar los pies a mí?

—Ahora no entiendes lo que estoy haciendo —respondió Jesús—, pero lo entenderás más tarde.

—¡No! —protestó Pedro—. ¡Jamás me lavarás los pies!

Jesús contestó:

—Si no te los lavo, no tendrás parte conmigo.

Simón Pedro dijo:

—Entonces, Señor, ¡no solo los pies, sino también las manos y la cabeza!

—El que ya se ha bañado no necesita lavarse más que los pies —le contestó Jesús—; pues ya todo su cuerpo está limpio. Y ustedes ya están limpios, aunque no todos.

Jesús sabía quién lo iba a traicionar y por eso dijo que no todos estaban limpios.

Cuando terminó de lavarles los pies, se puso el manto y volvió a su lugar. Entonces les dijo:

—¿Entienden lo que he hecho con ustedes? Ustedes me llaman Maestro y Señor y dicen bien, porque lo soy. Pues, si yo, el Señor y el Maestro, les he lavado los pies, también ustedes deben lavarse los pies los unos a los otros. Les he puesto el ejemplo, para que hagan lo mismo que yo he hecho con ustedes. Les aseguro que ningún siervo es más que su amo y ningún mensajero es más que el que lo envió. ¿Entienden esto? Dichosos serán si lo ponen en práctica.

—Juan 13:3-17

Al humillarse y lavar los pies sucios, malolientes, llenos de estiércol y lodo de sus discípulos, Jesús estaba ejemplificando la forma más alta de liderazgo: la de convertirse en un líder servidor. Los líderes servidores son muy efectivos porque este estilo de liderazgo logra tres cosas importantes. Su servicio satisface las necesidades sentidas de las personas que lideran. Da a los líderes de servicio la oportunidad de utilizar sus dones y habilidades para ayudar a las personas a las que sirven. También da como resultado un alto nivel de confianza entre aquellos a quienes sirven porque la humildad de poner las necesidades de otra persona primero genera aun más confianza y gratitud, lo que resulta en una mayor disposición para recibir instrucción e impartición para el crecimiento. Esto va en contra del enfoque de arriba a abajo que muchos líderes intentan emplear tanto en el mundo religioso como en el mercado. A veces, incluso los líderes religiosos modelan lo opuesto al estilo de liderazgo de servicio de Cristo al ser inaccesibles para aquellos a quienes están entrenando y al dar la impresión de que las ovejas solo son para servir al pastor y no al revés.

Este tipo de estilo de liderazgo de arriba hacia abajo —autocrático y distante— casi siempre nutre solo a los seguidores, personas que no piensan por sí mismas, que solo siguen órdenes. Por lo tanto, no están capacitados para participar en el tipo de pensamiento crítico necesario para desarrollar el tipo de capacidad para la resolución de problemas y la habilidad que libera el potencial. Al servir a otros en las áreas que estamos enseñando, nos hacemos responsables de practicar algo antes de intentar predicar sobre ello. He descubierto que tengo mayor autoridad para instruir a otros en las áreas que ya he puesto en práctica con éxito.

Hechos 1:1 afirma que Jesús trabajaba con lo que iba a enseñar antes de implementarlo. La mayoría de nosotros tenemos ese orden inverso: intentamos enseñar a otros sobre áreas de nuestras vidas que nosotros mismos aún no dominamos. Sin embargo, si vamos a aprender a liberar el potencial como lo hizo Jesús, tenemos que "hacer y enseñar".

Jesús es el Buen Pastor, que dio su vida por sus ovejas sirviéndolas con su vida, muerte y resurrección. En el Evangelio de Juan, Jesucristo dice:

> Yo soy el buen pastor. El buen pastor da su vida por las ovejas. El asalariado no es el pastor, y a él no le pertenecen las ovejas. Cuando ve que el lobo se acerca, abandona las ovejas y huye; entonces el lobo ataca al rebaño y lo dispersa. Y ese hombre huye porque es un asalariado, no le importan las ovejas.
>
> —JUAN 10:11-13

El Libro de Ezequiel dice esto sobre los pastores que usan y abusan de las ovejas para servirse a sí mismas y no lo contrario:

> Hijo de hombre, profetiza contra los pastores de Israel; profetiza y adviérteles que así dice el Señor y Dios: "¡Ay de ustedes, pastores de Israel, que solo se cuidan a sí mismos! ¿Acaso los pastores no deben cuidar al rebaño? Ustedes se beben la leche, se visten con la lana y matan las ovejas más gordas, pero no cuidan del rebaño. No fortalecen a la débil, no cuidan de la enferma ni curan a la herida. No han traído a la descarriada ni buscan a la perdida. Al contrario, tratan al rebaño con crueldad y violencia. Por eso las ovejas se han dispersado: ¡por falta de pastor! Y cuando se dispersaron se convirtieron en alimento de las bestias del campo. Mis ovejas vagan por montes y colinas, dispersas

por toda la tierra, sin que nadie se preocupe por buscarlas".

—EZEQUIEL 34:2-6

Con respecto a este estilo de liderazgo, me impactó particularmente a fines de la década de 1980, el modelo de liderazgo de servicio de mi supervisor, John Kelly, que me visitó para pasar tiempo conmigo y los líderes de mi iglesia a pesar de que era el supervisor de una gran red de congregaciones y yo solo tenía unos treinta años con una nueva iglesia nueva en el centro de la ciudad. En dos ocasiones separadas pasó más de una semana conmigo, impartiéndome conocimiento, estrategia y desarrollando una amistad conmigo. Los efectos de su ministerio fueron profundos porque fue accesible y franco; compartió su vida conmigo, ¡no solo su ministerio profesional! Incluso pasó un tiempo llevándome a una tienda en Brooklyn, Nueva York, que vendía ropa de hombre y me enseñó cómo comprar ropa buena.

Luego me acompañó a casa y observó todas mis corbatas, por lo que deseché la mayoría de ellas y compré un guardarropa completamente nuevo, tanto de trajes como de corbatas. Su ayuda personal hizo que florecieran mis habilidades latentes como estratega y me ayudó dramáticamente en mi influencia en toda la ciudad e incluso en la administración y gestión de Resurrection Church of New York y de una coalición regional que superviso. Me enseñó cómo crece una organización, principalmente a través de una buena administración, no solo por la predicación ungida; además de que me capacitó en cuanto a que el enfoque de liderazgo de servicio triunfa sobre el método ministerial distante y de arriba hacia abajo con respecto a la liberación del potencial humano.

Principios de liderazgo de Jesús

Por supuesto, la esencia de este libro es aprender del Señor Jesucristo y cómo desarrollar el potencial de las personas. Con ese fin, hay al menos siete principios primarios que Jesús utilizó para que las personas hicieran la transición de una vida ordinaria a una extraordinaria llena de propósito y cumplimiento divinos. Jesús no produjo discípulos ni transformó vidas simplemente predicando, sino llevando una vida ejemplar que aquellos cercanos a él emularían. Las siguientes son las principales formas en que Jesús empoderó y liberó el propósito en sí mismo y en los demás.

Jesús planteaba preguntas.

Más que, simplemente, dar respuestas a las preguntas de la vida, Jesús demostró que la mejor manera de enseñar a las personas era haciéndoles preguntas. De hecho, hizo más de trescientas y solo dio respuestas a tres de ellas.[1] Cuando permitimos que las personas respondan preguntas, eso revela cuánto saben realmente y lo que en verdad hay en sus corazones; lo que los involucra en el proceso de descubrimiento, permitiéndoles recordar y aprender mejor.

Jesús fijó metas y objetivos.

Si las personas no tienen objetivos o resultados específicos, nunca sabrán si han tenido éxito. Si no tienen una visión o una misión, no tienen idea de cuál se supone que es su destino final. Por el contrario, cuando Jesús comenzó su ministerio en Nazaret, lo primero que hizo fue anunciar la declaración de su visión, que se encuentra en las palabras del profeta Isaías (Isaías 61:1-2; Lucas 4:18).

Además, Jesús operó con objetivos y metas que le permitieron cumplir su misión y su visión con un entendimiento diario de qué, cuándo y cómo funcionar (Lucas 13:32).

Jesús invirtió tiempo con aquellos que dieron fruto.

El principio de Pareto nos enseña que el 80 % del trabajo realizado lo realiza sólo el 20 % de las personas en cualquier iglesia u organización dada.[2] Jesús entendió este principio mucho antes que Pareto. El Señor fue sabio e invirtió la mayor parte de su tiempo con discípulos que dieron mucho fruto y no con las multitudes. Juan 15:1-7 muestra que Jesús esperaba que sus seguidores dieran mucho fruto si permanecían en él. Sabía que obtendría la mayor cantidad de resultados si se concentraba en unos pocos en vez de enfocarse en muchos. Aunque ministró a las multitudes, los evangelios muestran claramente que invirtió la mayor parte de su tiempo con sus doce apóstoles y luego con los otros setenta (Lucas 9:1; 10:1).

Jesús confrontó la religión superficial.

A Jesús no le gustaba la religión superficial, por lo que atacó a los líderes religiosos que tergiversaban la voluntad de su Padre (Mateo 23). Insistió en que los líderes religiosos permitieran que, antes que todo, Dios limpiara al hombre interior para enfocarse en los rituales y la religión externos (Mateo 23:26; Marcos 7:15). Jesús también enseñó que la tradición religiosa, a menudo, anula la Palabra de Dios (Marcos 7:13). Como enfrentó la religión superficial en lugar de aplacarla, pudo levantar poderosos hombres de Dios que demostraron la verdad con señales y prodigios (Hechos 3:6-7).

Jesús pudo aprovechar el hecho de que la mayoría de la gente desea una fe genuina y una verdadera relación con Dios y con los demás. No están interesados en meros rituales superficiales y actos religiosos. Incluso la generación joven de hoy está harta y cansada de actuaciones falsas basadas en la religión institucional. Anhelan relaciones y comunidades de fe reales y centradas en Cristo.

Jesús se enfrentó al poder político.

Cuando Jesús estaba con Pilato, confesó que su propósito principal era ser reconocido como Rey (Juan 18:37). No temía ofender a los leales a César (que fue la razón principal por la que cual lo crucificaron). Entendió que las cosas que gobernaban la cultura externa tenían que pasar a otro rey y a diferentes guardianes si se iba a producir un verdadero cambio sistémico. Además, le dijo a Pilato que el poder de su reino no emanaba de Roma sino de su Padre, Dios (v. 36). Jesús no dijo que su reino no está en este mundo sino que no era de este mundo.

Incluso las personas en la sociedad actual anhelan una fe que sea relevante en la plaza pública, algo que sea práctico, no meramente místico. Si predicamos y mostramos una fe en Cristo que pueda influir positivamente en el mundo que nos rodea, la próxima generación vendrá a nuestras iglesias en masa.

Jesús fue motivado por la compasión.

Jesús no sanaba simplemente para demostrar su señorío, sino porque era movido a compasión (Marcos 1:41). Fue grande en parte porque tuvo empatía y se conectó con el dolor de quienes lo rodeaban (Hebreos 4:15). Cualquier líder sin fuertes sentimientos de amor por su pueblo no estará motivado para servir y liberar la grandeza de los que dirige.

La gente no está buscando simplemente otro programa de la iglesia. Están hambrientos de aquellos que se derramen en ellos y los ayuden a descubrir quiénes son y cómo pueden cumplir con su llamado en la vida.

Jesús estaba dispuesto a morir por su propósito.

No vale la pena vivir si no hay un propósito trascendente por el que valga la pena morir. Jesús no solo creyó en su misión, sino que también estuvo dispuesto a morir en la cruz para cumplirla (Hebreos 12:2). En consecuencia, pudo inculcar e inspirar tal pasión en sus seguidores que la mayoría de los doce apóstoles originales murieron como mártires mientras predicaban el evangelio.[3] Verdaderamente, la semilla de la iglesia primitiva fue la sangre de los mártires del primero y segundo siglos. Incluso hoy, dos mil años después, miles de seguidores de Cristo continúan muriendo por su causa, que es la razón principal por la que el cristianismo se convirtió en el movimiento más grande y formidable en la historia del mundo.

Cómo liberar la grandeza

Hay algunos principios prácticos que podemos aplicar de la vida de Cristo en nuestro intento por liberar la grandeza en los demás. Al repasar los evangelios, podemos decir que —sin duda— el enfoque principal de Jesús en su ministerio terrenal no fue predicar, enseñar, sanar ni ministrar a las multitudes, sino derramarse en sus doce hombres y hacerlos sus discípulos.

En el Nuevo Testamento, la palabra discípulo se usó para describir a los seguidores de Cristo mucho más que la palabra cristiano. Jesús ordena a la iglesia hacer discípulos, no solo evangelizar a los perdidos (Mateo 28:19).

A pesar de este enfoque desequilibrado, el discipulado no siempre es la norma en la iglesia contemporánea. Los siguientes once principios indispensables son cosas que he aprendido como pastor y hacedor de discípulos durante casi cuatro décadas.

Aprenda a ser padre espiritual.

En estos tiempos de familias rotas, muchos nuevos creyentes no tienen ninguna referencia para someterse a la autoridad, comprender el amor de un Padre, guardar un pacto y tener un hogar piadoso. Dado que la iglesia es una familia de familias y funciona como casa de Dios, una función principal de una iglesia en ciertos contextos debe ser "re-criar" a los nuevos creyentes, lo cual suele ser un proceso muy largo. En consecuencia, para hacer discípulos, a veces tenemos que funcionar como padres espirituales más que simplemente como dispensadores de la verdad bíblica.

No se concentre en las multitudes, el marketing ni los presupuestos.

Muchas iglesias contemporáneas se enfocan principalmente en reunir multitudes a través del marketing y brindar una gran experiencia dominical. Sin embargo, para poder hacer discípulos, las iglesias deben priorizar la entrega de creyentes serios que estén comprometidos con la causa de Cristo. ¡La iglesia hará avanzar el reino a través de una minoría santa, no por medio de una mayoría comprometida!

Enfóquese en las personas más que en los programas.

El discipulado no se puede hacer meramente con un programa institucional. No puede darse solo desde el púlpito o con un evento semanal. El apóstol Pablo no solo predicó el evangelio; también vertió su vida en los discípulos. Los discípulos hacen vida juntos, no solo asisten a reuniones y estudios bíblicos.

En consecuencia, una de las cosas más exitosas que hago para hacer discípulos es que ciertos hombres viajen conmigo cuando ministro para que podamos pasar tiempo juntos y puedan observar cómo interactúo y ministro a aquellos fuera del contexto de nuestra iglesia los domingos. Descubrí que pasar tiempo de calidad con un hombre durante una semana en un viaje ministerial equivale a seis meses de ellos yendo a estudios bíblicos semanales; por lo tanto, acelera grandemente su desarrollo espiritual.

Tenga un paradigma relacional más que institucional.

Junto con el punto anterior, el discipulado serio involucra un enfoque muy informal con aquellos que están siendo asesorados; no depende simplemente de las estructuras formales de la iglesia. Muchos pastores intentan hacer discípulos simplemente enviando líderes potenciales a una escuela bíblica o creando un instituto bíblico dentro de su congregación. Estos métodos pueden ser buenos para darle a la gente conocimiento intelectual, pero no producirán hijos e hijas espirituales maduros. Proveer conocimiento intelectual sin una conexión personal afirma una construcción mundana que puede resultar en la creación de líderes dotados sin carácter piadoso. Muchos de estos modelos producen divisiones en la iglesia porque se instalan líderes no probados que no tienen integridad.

Adopte el patrón del Nuevo Testamento para la vida de la iglesia.

El patrón del Nuevo Testamento para la iglesia involucra al pastor principal que está comprometido con una región hasta que se levanten suficientes líderes para servir mejor a la congregación. La asignación del pastor principal se basa en la dirección del Señor, no en la política ni en la burocracia. El modelo eclesial del Nuevo Testamento también da lugar para que se desarrollen ancianos y diáconos además del pastor principal; por lo tanto, este no tiene que hacer todo el trabajo del ministerio. Además, el Nuevo Testamento también enseña que el cuerpo de Cristo debe ser edificado en amor, por lo que cada miembro aporta (Efesios 4:15-16) para que el ministerio no quede relegado meramente al clero profesional. Todo esto abre espacio para el discipulado puesto que da oportunidad para que las personas maduren en Cristo sirviendo a la familia de Dios y más allá.

Abrace la vida de la iglesia, no la cultura religiosa de ella.

La iglesia, a veces, se mueve en muchos contextos tan religiosos que no engendran relaciones genuinas y necesarias para discipular a otros. Las culturas religiosas en las congregaciones producen relaciones superficiales, políticas eclesiásticas e hipocresía en los seguidores en lugar de verdaderos discípulos. Dado que no podemos desconectar la dinámica relacional de la formación de discípulos, el espíritu religioso es una forma segura de perturbar una cultura formativa de discípulos en la congregación.

Concéntrese en desarrollar un carácter piadoso más que en promover personas talentosas.

Muchas iglesias se ven tentadas a elevar a cantantes carnales, músicos y predicadores dotados para suplir una necesidad en su congregación. Sin embargo, para nutrir discípulos maduros, la iglesia necesita enfocarse en desarrollar un carácter semejante al de Cristo antes de que a la persona se le permita ministrar en público. Cuando permitimos que los bebés espirituales funcionen en posiciones de liderazgo, pueden verse tentados a enorgullecerse y caer en la trampa satánica (1 Timoteo 3:5-7).

Desarrolle equipos de liderazgo para anclar al pastor principal.

Muchos pastores principales se enfocan en apagar incendios, visitar a los enfermos y aconsejar a los heridos, así como en manejar gran parte de la administración de la congregación. Además de todo esto, se espera que prediquen una o dos veces por semana.

Esto deja al pastor sin energía para verterse en líderes potenciales e impide el proceso de hacer discípulos. En consecuencia, la única forma en que una iglesia puede producir discípulos normalmente es que el pastor principal se concentre en formar equipos de liderazgo que lleven la carga del ministerio con él para que puedan enfocarse en el ministerio de la Palabra, la formación de discípulos y la oración (Hechos 6:2-4). Aparte de tener equipos de liderazgo fuertes alrededor de pastores líderes, el discipulado es casi imposible.

Adopte el modelo padre-hijo para contrarrestar el espíritu de orfandad en las iglesias.

El modelo trinitario "Padre, Hijo y Espíritu" es el ejemplo bíblico de unidad, unicidad y hogar. A la luz de esto, tanto el Antiguo como el Nuevo Testamento son modelos de una casa modelo bajo el liderazgo de los ancianos (o padres). Hebreos 1:1 enseña que los profetas hablaron en el pasado a los padres, no a los reyes ni a los sacerdotes, porque los padres tenían la máxima autoridad terrenal. En el Nuevo Testamento, la calificación requerida para los ancianos (o líderes espirituales) era que pudieran administrar bien sus propios hogares (1 Timoteo 3:5), no que fueran grandes predicadores. ¿Por qué? Porque la iglesia es orgánicamente una casa modelo, o una familia a imitar, tal como lo era la nación de Israel en el Antiguo Testamento; por lo tanto, la iglesia necesita adoptar esta estructura padre-hijo. El Espíritu Santo actúa maternalmente como el Consolador de la iglesia. Este es el único modelo en el que la iglesia puede funcionar que tiene el poder de quebrantar el espíritu de orfandad sobre los discípulos potenciales que no pueden funcionar de manera óptima hasta que se rompan sus maldiciones generacionales de huérfanos (Malaquías 4:6).

Practique la oración corporativa constante para la vitalidad espiritual en la iglesia.

A lo largo de los años, he observado que los discípulos más importantes que desarrollé tenían un hambre intensa de buscar a Dios, no solo de decir sus oraciones. La oración guiada por el Espíritu abre al individuo al Espíritu de Dios, que deposita en esa persona la pasión, el poder y la guía divinos. Dado que Jesús solo ministró a través del Espíritu Santo (Hechos 1:1-2), los verdaderos discípulos son aquellos capacitados y dotados por el Espíritu para ministrar. La mejor manera de aprender a orar es participando en poderosas reuniones de oración. La oración se capta más que enseñarse. Hechos 1 ilustra cómo la nació iglesia primitiva y cómo fue fortalecida por un tiempo prolongado de búsqueda y espera en Dios. Si la iglesia primitiva vivía y respiraba oración para liberar el propósito del reino, ¿cómo puede la iglesia de hoy esperar producir discípulos que transformen la cultura sin la oración ferviente? (Ver Santiago 5:16-18).

Edifique sobre el paradigma de la iglesia local, no sobre el paradigma paraeclesiástico para hacer discípulos.

En conclusión, hay muchos ministerios paraeclesiásticos bien intencionados que intentan hacer discípulos sin la participación de la iglesia local. Son fuertes en cuanto a misión pero débiles en cuanto a eclesiología. Probablemente razonen inconscientemente lo siguiente: "Jesús hizo doce discípulos antes de que existiera una iglesia, para que nosotros podamos hacer lo mismo". Sin embargo, aun una lectura superficial de los evangelios muestra que la iglesia siempre fue el objetivo de los planes de Jesús para hacer discípulos. (Ver Juan 14—17 como ejemplo). Como alguien que vivía dentro de la estructura trinitaria Padre e Hijo, Jesús sabía que la única manera de hacer avanzar su reino era produciendo una familia modelo que finalmente cumpliría la promesa que el Padre hizo a Abraham: que en él serían benditas todas las familias de la tierra (Génesis 12:1-3). Por lo tanto, el mandato cultural original se cumpliría al empoderar a las familias espirituales y biológicas (Génesis 1:27-28). Por supuesto, esto implica mucho más que simplemente reunir a los hombres para un estudio bíblico semanal. He aprendido que a menos que la familia biológica de una persona esté conectada a una familia espiritual de familias, su capacidad para cumplir el propósito de Dios será muy limitada.

Capítulo 7

Camine en su asignación

U NA DE LAS mayores falacias en la iglesia es que el creyente puede ser cualquier cosa que desee. Filipenses 4:13, que dice: "Todo lo puedo en Cristo que me fortalece", a veces se saca de contexto para indicar que el creyente puede decidir convertirse en lo que desee o hacer lo que se le antoje. Sin embargo, el pasaje se refiere a que Pablo continúa con su ministerio a pesar de los desafíos financieros que enfrentó. Si un creyente, de alguna manera, puede ser o hacer lo que quiera, entonces Jesús habría ordenado a miles de personas como sus apóstoles para que se pudieran plantar más iglesias. Pero después de pasar toda la noche en oración, escogió solo a doce para servir al reino como apóstoles. Esa elección no se basó en ningún rasgo biológico ni psicológico, ni porque estuvieran cerca de él. Se basó en el llamado de Dios y en los dones y habilidades que vio en esos doce hombres. Por lo tanto, el Padre tenía ciertos criterios que debían cumplirse para que su Hijo ordenara a una persona.

Aunque no sabemos mucho sobre los antecedentes de algunos de los apóstoles, una cosa que posiblemente todos tenían en común era que trabajaban en diversas áreas. Algunos de ellos tenían sus propios negocios de pesca: Santiago, Juan, Andrés y Pedro (Mateo 4:18-22); otro era recaudador de impuestos (Mateo 9:9); y otro, Simón el Zelote, estaba involucrado en la política (Marcos 3:18). Jesús no eligió personas perezosas ni que estuvieran sin hacer nada. Escogió principalmente hombres activos en la comunidad empresarial, individuos que al menos estaban ocupados usando sus dones y habilidades. Curiosamente, no hay registro directo de que haya elegido a un levita, sacerdote o líder religioso para ser apóstol.

Como pastor, he aprendido que si quiero algo, ¡lo asigno a las personas más ocupadas de la iglesia! Debido a que las necesidades de la congregación y la familia son grandes, los que tienen mucho tiempo libre suelen ser perezosos y eluden sus responsabilidades. Por eso, una de las cosas más importantes en las que debe pensar cuando está considerando a quién debe intentar asesorar es si esa persona ya es fiel con las tareas que tiene por delante. Si una persona no puede ser fiel con las cosas materiales en esta vida, ¿quién le va a confiar las verdaderas riquezas? Si una persona no puede ser fiel sirviendo a otra, ¿quién le confiará sus propios bienes para que los administre? (Así lo dijo Jesús en Lucas 16:10-12).

Otro de los mayores obstáculos para las personas que andan en el nivel más alto de su potencial es cuando intentan triunfar en un área ajena a su vocación y sus dones. Dios le dio a cada persona tareas específicas en su reino basadas en sus dones y sus habilidades. Por lo tanto, si no las cumplimos, no maximizaremos el potencial que Dios nos otorgó. Uno de los días más tristes de la eternidad será cuando los creyentes comparezcan ante el tribunal de Cristo y descubran que no hicieron lo que Dios los llamó a hacer, haya sido por temor al fracaso, incredulidad o pereza, o porque trabajaron duro para triunfar en un área laboral a la que nunca fueron llamados (2 Corintios 5:10). En verdad, una vida productiva y con un propósito no proviene de la mera actividad o la gestión del tiempo, sino de la gestión de la atención relacionada con nuestra tarea principal en la vida.

En los últimos treinta años he conocido a numerosas personas que fueron engañadas pensando que fueron llamadas a cantar (sin ningún talento en esa área) o fueron llamadas a ser pastores o ministros, aunque no tenían gracia ni fruto para respaldar sus afirmaciones. Para alcanzar nuestro potencial en la vida, tenemos que ser honestos con nosotros mismos y no intentar hacer algo o ser alguien que no estamos llamados a hacer o ser.

¡La gran noticia es que Dios nos hizo a cada uno de manera maravillosa y asombrosa (Salmos 139:13-14) y que nunca ha habido ni habrá otro ser como usted en toda la eternidad! Usted (y cualquier otra persona que haya nacido) necesita descansar en el hecho de que es más valioso que todos los metales preciosos, piedras y joyas del mundo porque solo hay uno como usted entre miles de millones de personas en la tierra. Jesús dijo que nuestra alma vale más que el mundo entero. (Ver Marcos 8:36). No estoy tratando de ser el próximo T. D. Jakes porque sé que nunca podré ser como T. D., así como tampoco él podrá ser yo. Cuanto más acepto quién soy, más fácil será para mí desarrollar la autoconciencia, lo que dará como resultado que todos mis dones y habilidades se liberen en la tierra.

En cuanto a nuestra singularidad, debemos recordar que, dado que Dios nos formó en el vientre de nuestras madres, su obra no solo comenzó en nosotros después de la conversión, sino que fue antes del nacimiento, según escrituras como el Salmo 139, Jeremías 1:5 y Efesios 1:4. Los dones naturales, las habilidades, la personalidad y la forma en que estamos conectados emocional, mental y físicamente, juegan un papel importante en la determinación de nuestro propósito en la vida. Por lo tanto, nuestras habilidades, personalidades y dones naturales tienen que alinearse con nuestros dones espirituales y motivacionales para determinar nuestro propósito y liberar nuestro potencial.

Como ya se mencionó, si sentimos que Dios nos ha llamado a cantar para él, podemos asumir correctamente que

Dios no solo nos ungirá cuando cantemos, sino que nos otorgará una voz especial que sea agradable al oído. Si alguien siente que Dios lo ha llamado a jugar para la NBA, para usarlo como una plataforma a fin de predicar el evangelio, entonces es mejor que dicha persona tenga la altura natural, el cuerpo atlético y la habilidad correspondiente, así como un buen historial en la escuela secundaria y la universidad para adaptarse a la trayectoria de un jugador de baloncesto profesional.

En otras palabras, Dios no es tonto. Si designa a alguien para que haga algo, no solo lo ungirá, sino que también lo equipará con las habilidades espirituales y naturales necesarias para realizar dicha asignación. En consecuencia, es absolutamente esencial que tengamos sabiduría divina y un sentido intuitivo de cómo preparar y ubicar a la persona de forma acorde a su llamado, si es que vamos a ayudarla a liberar su potencial. Si tratamos de hacer de todos un predicador o un cantante a nuestra propia imagen, frustraremos, desalentaremos e incluso destruiremos la fe de aquellos a quienes estamos preparando para el fracaso.

Por supuesto, en el contexto de Lucas 6:12-13, Jesús pasó toda la noche en oración, lo que significa que nosotros, como aprendices, somos responsables de escuchar a Dios en cuanto a dónde debemos ubicar a quienes estamos equipando. En las etapas iniciales, toda persona debe involucrarse en el ministerio de ayuda, es decir, colaborar en las cosas materiales y en los servicios que se requieran antes de que se le otorgue algo de mayor importancia. Este es un gran campo de pruebas que permite a los mentores probar y desarrollar a aquellos a quienes están asesorando para ver qué tipo de habilidades, fidelidad y actitud tienen las personas.

Incluso Jesús probó y entrenó a sus doce apóstoles de esta manera. Por ejemplo, antes de que los llamara para trabajar como apóstoles, fungieron como diáconos, haciendo cosas como ayudar a sentar a las personas en grupos de cincuenta y cien cuando Jesús estaba alimentando a los cinco mil (Marcos 6:33-44), comprando comida mientras ministraba a las necesidades espirituales de otros (Juan 4), consiguiendo un burro para montar (Lucas 19:29-35), preparando el aposento alto para su Última Cena (Lucas 22:8-13) y así sucesivamente.

Dios, el gran distribuidor

Una vez escuché decir que la clave para crear un movimiento es la distribución del trabajo. Creo que eso es cierto. La Biblia habla de la distribución divina del trabajo que ha resultado en el movimiento más grande y poderoso de la historia del mundo en los últimos dos milenios: el cristianismo. Tanto en las cartas a los Corintios como a los Romanos encontramos algo de lo que dice la Escritura acerca de esta distribución divina del trabajo.

Los dones espirituales (1 Corintios 12:4-6)

El apóstol Pablo nos enseña en la Primera Epístola a los Corintios que hay variedad de dones, pero un mismo Espíritu; que hay variedad de ministerios, pero un mismo Señor y que hay variedad de manifestaciones o efectos pero un mismo Dios que obra en todos. Así que aquí vemos que Dios toma una variedad de dones, ministerios y manifestaciones del Espíritu dentro de los creyentes individuales y distribuye su trabajo en la iglesia como lo considera adecuado.

Las manifestaciones espirituales (1 Corintios 12:7-10)

Pablo también menciona nueve manifestaciones del Espíritu que operan en los individuos que Dios concede para el bien común de todos.

Los nueve dones mencionados se pueden dividir en tres categorías:

1. Los dones hablados de lenguas, la interpretación de lenguas y la profecía.
2. Los dones de revelación como las palabras de sabiduría, conocimiento y discernimiento de espíritus.
3. Los dones poderosos de sanidad, milagros y fe.

Todos estos dones son divinos, dones momentáneos que le llegan a una persona; no deben confundirse con habilidades residuales como la sabiduría que una persona ha acumulado en la experiencia de la vida o el conocimiento que una persona ha adquirido al leer libros o la fe que una persona ha desarrollado por escuchar y obedecer la Palabra de Dios, como se muestra en 2 Tesalonicenses 1:3. El propósito de este capítulo no es explicar cada uno de estos dones y funciones, sino demostrar cómo coloca Dios a las personas en la iglesia de manera que cada individuo pueda mostrar cierto aspecto de la obra de Dios en la iglesia y el mundo.

Los dones ministeriales en la iglesia (1 Corintios 12:28)

Pablo, entonces, mencionó (aparentemente de forma jerárquica) en qué orden coloca a los líderes con dones ministeriales en la iglesia, diciéndonos que Dios ha puesto en la iglesia primero apóstoles, luego profetas, lo tercero maestros, luego milagros, luego dones de sanidades, ayudas y administraciones. Por lo tanto, Dios es muy práctico, ya que une equipos con personas que tienen dones ministeriales junto con aquellos que tienen el ministerio de ayuda o el de administración. En consecuencia, no es suficiente que una iglesia tenga líderes ministeriales ungidos. También tiene que tener personas que operen en fuertes dones de servicio y administración para aprovechar la unción y que sea una congregación eficaz.

La enseñanza de Pablo en esta parte de Corintios es similar a otro conjunto de dones ministeriales que Jesús envió a la iglesia, como se encuentra en la carta de Pablo a la iglesia en Efesios. En esta carta, Pablo dice que Dios también ha asignado a unos apóstoles, a otros profetas, a otros evangelistas, a otros pastores y maestros, a fin de perfeccionar a los santos para la obra del ministerio para edificación del cuerpo de Cristo (Efesios 4:11-12).

Por lo tanto, en esta lista los apóstoles y profetas ocupan el primer y el segundo lugar, el maestro figura en tercer puesto. Luego, en vez de usar la palabra evangelista, se mencionan los que hacen milagros, sanidades, lo que algunos estudiosos afirman que es otra forma de decir evangelista, ya que el evangelista bíblico (como se ve en el ministerio de Felipe a Samaria, en Hechos 8) trabaja con grandes señales, prodigios y curaciones. Además, algunos han argumentado que en Efesios el idioma griego original muestra al pastor-maestro como una sola función. Por lo tanto, los cinco se mencionan de manera diferente en ambas listas de dones ministeriales (1 Corintios 12:28; Efesios 4:11).

Note también que el propósito de estos conjuntos de dones, como se ven en Efesios, no es hacer la obra del ministerio sino ayudar a equipar y colocar a los santos para la obra del ministerio (4:12), lo que muestra que la vocación principal de cada llamado "ministro de los cinco ministerios" o de cada don ministerial es ser mentor y capacitador, no simplemente un predicador ministro.

Dones motivacionales (Romanos 12:3-8)

Por último, Pablo enumera una lista más que vale la pena notar si queremos entender cómo ubicar a las personas apropiadamente en la iglesia. Pablo comienza como yo empecé este capítulo, diciendo que no necesitamos pensar más de nosotros mismos de lo que deberíamos, sino con autoconciencia y sobriedad para comprender los dones que Dios nos ha dado de acuerdo a nuestra medida de fe.

Luego Pablo enumera lo que muchos denominan "dones motivacionales" para distinguirlos de los dones mencionados en sus otras epístolas (1 Corintios 12; Efesios 4), ya que parecen estar también agrupados con cosas que son claramente motivacionales y residuales (por ejemplo, la misericordia y la generosidad financiera con los demás). Estos dones motivacionales deben distinguirse de las manifestaciones del Espíritu mencionadas en 1 Corintios 12, como la palabra de conocimiento y sabiduría. Nótese que no dice enciclopedia ni mensaje de sabiduría y conocimiento. Estas manifestaciones del Espíritu están claramente destinadas a ser experiencias inconclusas de un otorgamiento divino de su gracia para un tiempo y una tarea específicos.

Los dones motivacionales mencionados muestran cómo ha configurado Dios a los creyentes individuales en la iglesia para que estén motivados a funcionar de cierta manera con un don en particular.

Los dones enumerados aquí son:

- Profecía: algunos tienen una motivación profética, no solo un don de profecía, que les llega a veces, como se encuentra en 1 Corintios 12; 14.
- Servicio
- Enseñanza
- Exhortación
- Dar: puesto que a todos se les ordena dar diezmos y ofrendas, esto se refiere a la persona altamente

motivada y asignada por Dios con el objeto de
que cree riqueza para el reino a fin de apoyar el
evangelio.

- Liderazgo
- Misericordia: dado que todos los creyentes son llamados a tener compasión por otras personas, esto
obviamente se refiere a alguien que es motivado
por un don de misericordia, que probablemente
tendrá un fuerte alcance compasivo o un ministerio que ayude a otras personas constantemente,
en contraposición a la misericordia que se muestra
esporádicamente o cuando surge una oportunidad.

En resumen, según Pablo, tenemos varias administraciones y distribuciones de nueve manifestaciones del Espíritu
(1 Corintios 12), junto con siete dones motivacionales
(Romanos 12) que vienen a través de todo el cuerpo de
Cristo bajo el liderazgo de los cinco grupos de dones (Efesios
4:11). Somos llamados a reconocer estos dones en las personas, de manera que podamos equiparlos y ubicarlos adecuadamente (v. 12).

Por último, a medida que hagamos lo que Dios nos ha llamado a hacer, todos seremos edificados, bendecidos y habrá
un lugar para que todos en la iglesia ministren, porque se
necesita todo el cuerpo para funcionar adecuadamente y
liberar cada parte individual (1 Corintios 12:12-27).

Capítulo 8

El poder del fracaso

UNA DE LAS grandes libertades humanas es la de fallar y volver a intentarlo! He oído decir que antes de que Abraham Lincoln se convirtiera en presidente de Estados Unidos, sufrió bancarrota y perdió varias elecciones locales y nacionales. Para liberar el potencial, debemos estar dispuestos a permitir que las personas fracasen. Controlar a otros no libera su potencial; confiar en ellos aunque cometan errores y aprender de estos sí lo hace.

Jesús pudo liberar el potencial mejor que nadie, aunque tuvo que trabajar con personas que eran líderes rudos, sin pulir e inexpertos que a menudo cometían fallas. Eso se debió a que Jesús permitió que las personas fracasaran como parte de su proceso de discipulado. Si Jesús fuera un fanático del control de la microgestión que esperaba la perfección de sus seguidores, habría fallado en su misión de iniciar un movimiento global. Al leer los evangelios, observamos cómo todas las personas clave fueron investidas con liderazgo, a pesar de tener sus imperfecciones y a veces cometer errores en la toma de decisiones. Por ejemplo, Jesús tuvo que corregir a los apóstoles Santiago y Juan por querer hacer descender fuego del cielo para destruir la ciudad de Samaria puesto que sus habitantes no querían recibir a Jesús (Lucas 9:51-56).

El apóstol Pedro fue inicialmente tan impredecible que en cuestión de minutos pasó de ser la primera persona en recibir la revelación de Dios Padre de que Jesús era el Mesías prometido a intentar disuadir a este Mesías de cumplir su misión principal: morir en la cruz por los pecados del mundo. Jesús, en realidad, se dirigió a Pedro como Satanás porque estaba bajo la influencia del maligno (Mateo 16:13-23). ¡En un episodio, Pedro pasó de ser influenciado por Dios a ser un vocero del diablo! La mayoría de nosotros probablemente nos habríamos rendido con una persona tan impredecible. Pero Jesús se quedó allí con Pedro. Después de su ascensión, lo usó como el vocero de su iglesia aun después de que este cedió a la tentación y negó haber conocido a Jesús (Mateo 26:69-75). En consecuencia, Jesús restauró a Pedro al ministerio después de que resucitó de entre los muertos (Juan 21:15-17) y se demostró que estaba en lo correcto, porque en solo unas pocas semanas Pedro se convirtió en el líder de la iglesia recién formada y predicó ese gran mensaje en ¡el día de Pentecostés que llevó a tres mil personas a comprometerse a seguir a Cristo!

Recuerdo cuando comencé nuestro ministerio en 1980. Teníamos un joven, recién salido de la escuela bíblica, que sentía una gran pasión por Dios y atendió al llamado de predicar el evangelio. Tenía falta de confianza, la que se manifestaba a través de un tartamudeo excesivo. Aunque difícilmente podía sacar una frase de su boca sin tartamudear, le permití predicar de vez en cuando y seguí alentándolo a pesar de sus obvias limitaciones. Nunca le dije que tartamudeaba y, a pesar de lo doloroso que era en esos días iniciales escucharlo, el Señor me seguía mostrando que le permitiera predicar. De modo que comenzó a transformarse ante mis ojos y en pocos años ya casi no tartamudeaba. ¡Con el tiempo se mudó a otro país con su familia e hizo una obra misional tan poderosa que toda una nación se vio impactada por su ministerio a los líderes de la iglesia!

Hasta el día de hoy tiene un ministerio fuerte y viable que habría estado en peligro si lo hubiera corregido por su tartamudeo excesivo y le hubiera dicho que no podía predicar a menos que superara su impedimento del habla. La mayoría de la gente olvida que Michael Jordan, posiblemente el mejor jugador de baloncesto de todos los tiempos, fue eliminado del equipo de su escuela secundaria y no ganó su primer campeonato (de seis) con los Chicago Bulls hasta que tuvo veintiocho años y en la liga durante unos siete años. Los Bulls se volvieron tan dominantes que la mayoría de la gente pensaba que ganar un campeonato era algo automático para ellos, pero tuvieron que sufrir muchos años de fracasos en las competencias antes de alcanzar su potencial.

De hecho, el fracaso puede conducir al éxito y a la liberación de nuestro potencial si aprendemos de nuestro pasado y nos volvemos más sabios para el futuro. Cuando aprendemos de nuestras experiencias, ellas se convierten en una herramienta de crecimiento. Si nos negamos a evaluar francamente nuestra vida y aprender de nuestros fracasos, estamos condenados a seguir repitiendo los mismos errores una y otra vez, con lo que desperdiciaremos años de nuestra existencia. Necesitamos ver el fracaso de la misma manera que los científicos. Aunque nuestra cultura glorifica el éxito y ama a sus ganadores, como se ilustra en la forma en que exaltamos a nuestros héroes deportivos, los mayores avances en ciencia y tecnología se produjeron en la historia occidental porque los científicos veían el fracaso en los experimentos como un proceso más en sus esfuerzos por demostrar sus hipótesis. Por lo tanto, cada fracaso era parte de ese proceso y lo tomaban como algo que reducía las posibilidades y los acercaba a la verdadera hipótesis. Si viéramos el fracaso como lo hacen los científicos y no como se ve en los deportes (con un enfoque de que el ganador se lo lleva todo), entonces avanzaríamos constantemente en nuestros intentos por liberar nuestro potencial.

Otra forma de ver el fracaso desde una perspectiva positiva es percatarnos de que a veces fallamos porque asumimos responsabilidades nuevas y mayores que desafían nuestras capacidades mentales, espirituales y físicas. Por ejemplo, los *powerlifters* —deportistas que alzan pesas en tres ejercicios específicos— intentan levantar un peso que nunca antes han alzado con éxito a fin de aumentar su fortaleza y su resistencia muscular. A menudo son incapaces de levantarlo por sí mismos, por lo que hay una persona —asistente— que los observa y coloca un dedo en el peso para ayudarlos a completar una repetición completa. Si solo levantaran pesas con las que se sintieran cómodos y no forzaran sus músculos, nunca pasarían al siguiente nivel. Por otro lado, cuando aprendí a montar bicicleta, me caía continuamente; pasaron tres días antes que pude mantener el equilibrio y andar con éxito. Otro caso, un bebé tiene que caerse varias veces antes de aprender a caminar y tiene que dominar la marcha antes de que pueda empezar a correr.

Cierta vez estaba animando a un hombre que pensaba que estaba decayendo en su fe y retrocediendo porque estaba fallando en algunas de las pruebas y tentaciones que se le presentaban. Le dije que no estaba perdiendo terreno espiritualmente porque ahora tenía más responsabilidad que nunca y estaba fallando simplemente porque las pruebas se volvían cada vez más difíciles y revelaban debilidades en su carácter que tenía que superar para seguir madurando. Tenemos que recordar que cuando lleguemos a un nuevo nivel, habrá un demonio nuevo y más grande que ha d encontrarnos y ponernos a prueba.

Cuando terminé de escribir este capítulo, sorprendentemente, me topé con una entrevista con Nick Foles, el mariscal de campo del equipo de futbol americano Philadelphia Eagles. Decía cosas en el artículo que se alinean con los principios de este capítulo. Quiero citar un fragmento de su entrevista:

> Creo que lo más importante es no tener miedo a fallar", dijo Foles. Creo que en nuestra sociedad actual... Instagram... Twitter... son como presentadores de los mejores momentos. Todo lo que ves son cosas buenas. Pero cuando lo comparas con lo difícil que te fue en el día, piensas: "Mi vida no es tan buena", y crees que estás fallando.
>
> El fracaso es parte de la vida. Es parte de la formación del carácter y el crecimiento. Sin fracaso, ¿quién serías? No estaría aquí arriba si no me hubiera caído miles de veces. Si no hubiera cometido errores.
>
> Todos somos humanos, todos tenemos debilidades, y creo que a lo largo de esto (ha sido importante) poder hablar de eso y ser transparente. Sé que cuando escucho a la gente hablar y compartir sus debilidades, estoy escuchando. Porque eso resuena.
>
> Así que no soy perfecto. No soy Superman. Podría estar en la Liga Nacional de Futbol Americano, podría haber ganado un Super Bowl, pero bueno, todavía enfrento batallas diarias, luchas cotidianas. Y ahí es donde entra en escena mi fe, ahí es donde surge mi familia.
>
> Creo que cuando observas la lucha en tu vida, debes saber que solo es una oportunidad para que tu carácter crezca. Y ese ha sido el mensaje. Simple. ¿Qué hacer si algo te pasa y tienes que luchar? Abraza eso. Porque estás creciendo.[1]

Para resumir lo que he aprendido sobre el fracaso en la vida, los siguientes son doce principios que quiero dejar al final de este capítulo. Estos principios son esenciales si vamos a asumir la actitud necesaria tanto para enseñar como para animar a las personas a desatar su potencial y caminar en su destino divino. ¿Por qué? Porque todos serán probados por el fracaso, unos más que otros. La forma en que las personas reaccionen y respondan al fracaso personal determinará si serán ordinarias o extraordinarias.

Aprenda de los errores

Escuché decir una vez que "el fracaso es el padre de la innovación". Esta es una afirmación muy cierta ya que antes de cada carrera o esfuerzo exitoso suele haber una multitud de fracasos.

Todos tenemos que aprender a fallar en nuestro avance. Cada vez que ingresamos a un nuevo año, debemos reflexionar sobre los éxitos y fracasos del que acaba de pasar, usando los dos periodos como parte de la trayectoria que nos lleva a una experiencia más productiva en el futuro. Cuando hablo de éxito me refiero a llevar una vida que da fruto para la gloria de Dios. Por fracaso me refiero a cualquier cosa que iniciamos o en la que participamos que no da gloria al nombre de Jesús ni produjo ningún fruto inmediato y perceptible. El fracaso también se puede definir como cuando un paradigma, estrategia de vida o ministerio ya no está produciendo los resultados que nos propusimos conseguir.

El 10 de enero de 2019, celebré mi aniversario como creyente y seguidor de Jesucristo. He servido en el ministerio eclesiástico oficial de tiempo completo desde noviembre de 1980; por lo tanto, he tenido que tratar constantemente con numerosas personas con una plétora de desafíos en el contexto de una metrópolis compleja como la ciudad de Nueva York. En el trayecto, he pasado por muchas etapas y ciclos de vida y he experimentado tanto el éxito como el fracaso. He aprendido por las malas a aceptar el fracaso como parte del proceso normal de aprendizaje. Cuanto más envejezco, acumulo más experiencia y espero tener lecciones de fracaso menos intensas en mi travesía.

Aunque Cristo es el redentor de todo fracaso y cada pecado, la Biblia está repleta de historias de éxito, pero tiene una narración que habla sobre la forma de utilizar el fracaso y el mal para bien. Por ejemplo, después de que el patriarca José fue vendido como esclavo por sus hermanos biológicos, muchos años después fue ascendido —providencialmente— a segundo al mando en Egipto. Después de encontrarse con José como su líder político, sus hermanos temieron que les cobrar su injuria. Sin embargo, José les dijo que lo que ellos entendían por mal, Dios lo encaminó para bien (Génesis 50:20). El apóstol Santiago escribió que debemos tener por puro gozo cuando nos encontramos en diversas pruebas porque el resultado de ellas desarrolla nuestro carácter (Santiago 1:2-4). Además, el sufrimiento de Jesús resultó en su gloriosa resurrección (Filipenses 2:5-11). No importa lo que el diablo intente hacer, ¡Dios lo supera y le da la vuelta!

Por lo tanto, la Biblia tiene una teología del éxito que puede surgir de cualquier fracaso que experimentemos, si respondemos a Dios con fe y humildad. Además, Romanos 8:28 nos enseña que a los que aman a Dios, todas las cosas les ayudan a bien. Uno de los mayores descubrimientos que he hecho es que no puedo perder como seguidor de Cristo. ¡Aun cuando fracase, puedo aprovechar el revés como una oportunidad para un mayor crecimiento y poder alcanzar otro nivel de éxito!

Toda situación y circunstancia, por difícil que sea, ¡puede redimirse para bien! Tenemos que darnos cuenta de que, dado que todos somos pecadores que no alcanzamos la gloria de Dios, el fracaso —en alguna modalidad— es inevitable para cada uno de nosotros. Esto no quiere decir que dejemos de intentar triunfar o que tengamos una mentalidad derrotista; simplemente significa que tenemos que tener la perspectiva correcta si vamos a abrirnos paso hacia el éxito.

Por ejemplo, Abraham Lincoln, posiblemente el mejor presidente de esta nación, tuvo una larga lista de fracasos en su currículum antes de llegar a la cima. El siguiente fue su camino a la presidencia:

- Fracasó en los negocios a los 21 años.
- Fue derrotado en una elección legislativa a los 22 años.
- Volvió a fracasar en los negocios a los 24 años.
- Superó la muerte de su amada a los 26 años.
- Tuvo una crisis nerviosa a los 27 años.
- Perdió la elección de un escaño al Congreso a los 34 años, perdió otra carrera por el Congreso a los 36 años y luego otra por el Senado a los 45 años.
- No se convirtió en vicepresidente a los 47 años y perdió una carrera por el Senado a los 47 años.
- Para conmoción y sorpresa de muchos, fue elegido presidente de los Estados Unidos a los 52 años.[2]

El Salmo 37:23-24 dice: "Por Jehová son ordenados los pasos del hombre, y él aprueba su camino. Cuando el hombre cayere, no quedará postrado, porque Jehová sostiene su mano" (RVR1960). Proverbios 24:16 afirma: "porque siete veces podrá caer el justo, pero otras tantas se levantará; los malvados, en cambio, se hundirán en la desgracia".

Cualquiera que piense que estará exento de severas pruebas y fracasos solo porque sirve a Dios, se equivoca. Todo lo que tiene que hacer es leer el Libro de los Salmos, que está repleto de historias de personas que han experimentado tanto el fracaso como el éxito, junto con depresión emocional y alegría exultante. A la luz de eso, es extremadamente importante que cada persona entienda cómo convertir cada fracaso en un éxito (eventual).

Doce formas de convertir el fracaso en éxito

1. Cambie lo que se dice a sí mismo.

Lo primero y más importante que debemos hacer después del fracaso es volver a levantarnos. Eso lo hacemos silenciando toda voz negativa dentro de nuestras cabezas. Tener pensamientos negativos lleva a la desesperanza, al desánimo e incluso a la depresión. La importancia de eso no se puede exagerar. Proverbios 23:7 dice: "Cual es su pensamiento en su corazón, tal es él" (RVR1960). Nos convertimos en la acumulación de nuestros pensamientos ya que ellos conducen a acciones y estas llevan a formar hábitos, que luego determinan nuestro destino. Cuanto más tiempo nos revolquemos en este tipo de "pensamiento pestilente", más difícil será salir de nuestro pozo emocional. Dado que nos hablamos a nosotros mismos más que a cualquier otra persona, es de vital importancia que controlemos lo que pensamos.

En Números 13:33 vemos que los hijos de Israel pensaban que eran como langostas en comparación con los gigantes en la tierra prometida. ¡Esto los llenó de incredulidad e hizo que toda una generación no alcanzara el propósito de Dios! Necesitamos cambiar nuestras conversaciones internas y decirnos a nosotros mismos que "somos más que vencedores por medio de aquel que nos amó" (Romanos 8:37) y que todo lo podemos en Cristo que nos fortalece (Filipenses 4:13). También debemos comprometernos a hablar y pensar solo en palabras que liberen la fe, la verdad y el propósito. Filipenses 4:8 nos dice: "Todo lo que es verdadero, todo lo que es honorable, todo lo que es justo, todo lo que es puro, todo lo que es amable, todo lo que es digno de elogio, si hay alguna excelencia, si algo digno de alabanza, en estas cosas pensad". Todos podríamos hacer las cosas bien y recuperarnos de cualquier fracaso si obedeciéramos este pasaje.

2. Aprenda de sus errores pasados.

Si los científicos e innovadores en tecnología trataran el fracaso como lo hace la mayoría de la gente, ¡el progreso científico y tecnológico se detendría! Los que están en los campos de investigación entienden que por cada experimento fallido, están más cerca de probar o refutar sus hipótesis. El fracaso siempre debe servir como un catalizador para que recalibremos la forma en que operamos y seamos más eficientes. Incluso las correcciones en la economía de mercado, durante los últimos años, son parte de un ciclo normal que permite que lo que realmente funciona salga a la luz y corrige algunos de los males sistémicos relacionados con nuestros hábitos comerciales culturales. ¿Qué significa todo esto? El fracaso es el proceso natural de aprender a tener éxito, solo si reflexionamos y aprendemos de los errores que conducen al fracaso.

3. Examine sus prioridades.

Una de las mejores lecciones que he aprendido en la vida es percatarme de que saber qué *no* hacer es tan importante como saber qué hacer. Muchas personas dotadas que conozco nunca logran nada sustancial porque están desorientadas y no se enfocan. Sus horarios siempre están llenos de numerosas actividades desde la mañana hasta la noche. Por ejemplo, recibo numerosas oportunidades e invitaciones para ministrar a nivel local, nacional e internacional. Si aprovecho todas las buenas oportunidades que se me presenten, incluso aquellas que parecen encajar con mi misión y propósito en la vida, perdería mi centro de gravedad y me volvería menos eficaz en mis relaciones clave con la familia y el ministerio.

He aprendido que es un error equiparar la mera actividad con el significado. El fracaso ha ayudado a dar forma a mis prioridades fundamentales en la vida, las cuales se centran en la búsqueda de Dios, el estudio personal, las relaciones familiares y la tutoría de líderes clave y emergentes. Todo lo demás tiene que pasar a un segundo plano. Sea fiel a sus valores fundamentales y priorice todo lo que le rodea. No se permitas participar en cosas que no son guiadas por el Espíritu y que son contrarias a las más importantes de su vida. Por supuesto, esto no significa que solo hagamos las cosas que nos gustan; eso sería narcisista y egoísta.

Todos tenemos irrupciones inesperadas que perturban nuestras vidas e interfieren con nuestros horarios habituales. Cuando sucedan cosas inesperadas, simplemente sea fiel, cumpla con sus responsabilidades y vuelva a la normalidad lo antes posible. No deje que las emergencias le saquen de su ritmo divino y le lleven a patrones de malos hábitos. El apóstol Pablo lo dijo mejor: "Así que tengan cuidado de su manera de vivir. No vivan como necios, sino como sabios, aprovechando al máximo cada momento oportuno, porque los días son malos. Por tanto, no sean insensatos, sino entiendan cuál es la voluntad del Señor" (Efesios 5:15-17).

4. Rodéese de personas espiritualmente maduras.

Como líder joven, esperaba que Dios me usara para traer un gran avivamiento a la ciudad de Nueva York. Pero varios años después de nuestro joven ministerio, fui al infierno y volví (en sentido figurado) y experimenté mucho sufrimiento debido a fallas en mis propias relaciones clave y mi ministerio. Después de varios años de intenso trauma, salí de esas pruebas con el claro entendimiento de cuánto necesitaba relacionarme con mis compañeros en el ministerio. Eso resultó en un intenso deseo de conectar líderes e iglesias clave de toda la ciudad, lo que dio origen a iniciativas como "Oración por toda la ciudad", a partir de 1991, en las que más de mil personas y más de cincuenta iglesias y líderes se reunían para celebrar un día de ayuno y oración por nuestra comunidad. A esto le siguieron muchas otras iniciativas en toda la ciudad, demasiado numerosas para mencionarlas. (Lea mi libro *Kingdom Awakening* para obtener más información sobre esas iniciativas). Todo eso fue precipitado por mi experiencia con los fracasos en múltiples áreas.

La lección más grande que aprendí durante ese tiempo (además de haber comprobado una vez más la fidelidad de Dios) fue rodearme de amigos piadosos y creyentes maduros con pasión por Dios, lo que puede contribuir a levantarme cuando me siento deprimido. En verdad, Dios dijo que no es bueno que el hombre esté solo (Génesis 2:18). La Escritura también dice: "Mejor son dos que uno, porque obtienen más fruto de su esfuerzo. Si caen, el uno levanta al otro. ¡Ay del que cae y no tiene quien lo levante! Si dos se acuestan juntos, entrarán en calor; uno solo ¿cómo va a calentarse? Uno solo puede ser vencido, pero dos pueden resistir. ¡La cuerda de tres hilos no se rompe fácilmente!" (Eclesiastés 4:9-12).

Muchos creyentes cometen el error de reunirse con personas solo porque asisten a la misma iglesia, pero Pablo, al escribirle a Timoteo en el contexto de la iglesia local, le dijo: "esmérate en seguir la justicia, la fe, el amor y la paz, junto con *los que invocan al Señor con un corazón limpio*" (2 Timoteo 2:22, énfasis añadido). No todas las personas en la iglesia son buenas para pasar el rato cuando está luchando con el fracaso. Algunos en realidad alentarán su fracaso porque los hace sentir bien con sus propias deficiencias. Tenga cuidado, sea selectivo, pero busque creyentes maduros con un buen historial que hayan demostrado ser fieles y exitosos a través de los desafíos difíciles de la vida. Ellos son los únicos que pueden ayudarle a llevarle a donde pertenece. Siempre puedo decir cuán exitosas serán las personas en el futuro por el tipo de individuos con los que se reúnen e incluyen en su círculo íntimo.

5. Consiga mentores que lo ayuden a pasar al siguiente nivel.

Pídale a Dios que le proporcione un mentor que ya haya estado donde usted desea ir, que haya superado las tormentas de la vida y que tenga un historial comprobado. Toda persona necesita un mentor, alguien que lo asesore y al que le rinda cuentas en un área específica de su vida.

Escuchar los consejos de un buen mentor puede ahorrarle años de aprendizaje y evitar que pierda un tiempo precioso. ¿Por qué reinventar la rueda? Recuerde, sin Moisés nunca hubiéramos tenido un Josué; sin Elías no hubiéramos tenido a Eliseo; sin el apóstol Bernabé quizás nunca hubiéramos tenido un apóstol Pablo; sin el apóstol Pablo nunca hubiéramos tenido un apóstol Timoteo. (Consulte Números 27:18-23; 1 Reyes 19:19-21; Hechos 9:26-27; y Hechos 16:1-3). Todos necesitan que alguien más los lleve a donde deben ir.

6. Deje que sus fracasos forjen en usted un carácter piadoso.

Dios ha usado el fracaso para acercarme a él y ayudarme a confiar más en él en cuanto a mi bienestar, mi identidad y mi éxito. Cuando era más joven, solo podía alcanzar cierto punto de humildad por mi esfuerzo, basado en la lectura de la Biblia y la devoción privada. Dios tuvo que usar las pruebas de fuego de la experiencia que vienen a través del tiempo para trabajar un nivel más profundo de humildad en mi alma. Lo peor que podemos hacer cuando experimentamos un fracaso es culpar a otras personas por lo que pasó. Hacer eso detiene el proceso de crecimiento interno. Las únicas personas que crecen y salen mejor del otro lado del fracaso son las que se han humillado y asumido la responsabilidad de su parte en el revés. En tiempos difíciles podemos amargarnos o mejorar, huir de Dios o correr hacia él. ¡Recuerde, lo que le sucede nunca es tan importante como lo que sucede dentro de usted! Las circunstancias nunca le destruirán. Es cómo responde a ellas lo que determina su destino en la vida.

Las luchas con mis propios hijos y mi familia han generado en mí más compasión por los padres y los cónyuges cristianos que tienen sus propios desafíos familiares. Si yo mismo no hubiera enfrentado esos desafíos, es muy probable que hubiera juzgado a aquellos que han experimentado el fracaso familiar. Por lo tanto, mis propias luchas han producido en mí la compasión necesaria para empatizar con los demás. Además, he descubierto que tengo mucha más autoridad para hablar y ministrar a las personas en las áreas en las que he experimentado la mayoría de los desafíos. Mi corazón y mis emociones ahora pueden resonar con personas que están pasando por las mismas batallas que yo he experimentado. En relación con eso, he aprendido que el mayor punto de ataque demoníaco en mi contra me indica cuál es el principal llamado en mi vida. Nuestro primordial llamado siempre está escondido debajo de nuestro punto de resistencia primario y de nuestros desafíos. He descubierto que mi desorden puede producir compasión en mí y convertirse en el mensaje que puede ser de gran beneficio para otros con las mismas luchas (2 Corintios 1:3-7). Siempre hay un propósito para todo. Cada fracaso puede ser un maestro escolar que nos prepare para pasar al siguiente nivel de éxito e influencia.

7. Sea más consciente de sí mismo y menos defensivo.

Uno de los beneficios que obtuve del fracaso es que me hizo más consciente de lo que soy y qué es lo que realmente me motiva. Empecé a descubrir, con mayor agudeza, cuándo me impulsan las ambiciones carnales y personales, y cuándo me dirige el Señor. Es muy importante, después o durante un fracaso, que nos tomemos el tiempo para reflexionar y permitir que el Señor nos revele las cosas que hicimos para contribuir al lío en el que estamos. Necesitamos darnos cuenta cuando estamos operando con presunción y adelantándonos al Señor. Cada vez que experimentamos un fracaso, debemos usarlo como una oportunidad para reflexionar y aprender cómo y por qué hicimos lo que hicimos para no repetir los mismos errores. Además, parte del proceso de volverse consciente de sí mismo es escuchar la represión y la corrección de otras personas que Dios envía a nuestras vidas. Lo peor que podemos hacer después del fracaso es aislarnos de los demás o ponernos a la defensiva cuando alguien intente hablarnos. "Oirá el sabio, y aumentará el saber" (Proverbios 1:5) y "El sabio de corazón acata los mandamientos" (Proverbios 10:8).

8. Deje que su espiritualidad se base en la realidad.

A veces el éxito puede conducir al fracaso. He descubierto que más personas han caído por el éxito que por el fracaso. Esto se debe a que, a menudo, cuando pasamos de un esfuerzo exitoso a otro, perdemos nuestro sentido de la realidad y comenzamos a dar las cosas por hechas (como hacer la debida diligencia antes de tomar decisiones importantes y asumir compromisos con los demás). El fracaso nos sacude y nos acerca más al nivel básico de cómo funciona realmente el mundo. También puede ser el impulso para adquirir más discernimiento para futuras decisiones.

Además, algunas personas son tan místicas en su enfoque del cristianismo que nunca toman en consideración las realidades, los desafíos y las complejidades de su entorno. No solo somos llamados a orar; también estamos llamados a pensar y a actuar. Somos llamados a tener encuentros poderosos con Dios para poder involucrarnos exitosamente en la tierra con su poder y su fuerza. Jesús no se quedó en la cima del Monte de la Transfiguración. Bajó al valle para encontrarse con los espíritus malignos que afligían a la humanidad (Mateo 17:1-18). Fue empoderado y fortalecido para poder lidiar con éxito con la traición de sus discípulos, su agonía en el Huerto de Getsemaní y soportar el dolor insoportable de la crucifixión.

No intentó usar la oración ni la espiritualidad para escapar de las realidades terrenales. Al contrario, dependió de sus encuentros poderosos con el Padre para obtener la sabiduría y la fuerza necesarias a fin de cumplir su propósito en la tierra.

9. Comparta las lecciones que aprende a través del fracaso.

Paso mucho tiempo asesorando a jóvenes. Algunos de los momentos más fructíferos que tengo en esas sesiones ocurren cuando cuento mis fracasos y las razones que me llevaron a ellos. Sin estas historias convincentes, no estaría equipado con la sabiduría que necesito para alentar y exhortar a esas personas más jóvenes y menos experimentadas. No desperdicie su fracaso simplemente consigo mismo. Utilice esas experiencias para capacitar a la próxima generación y bendiga a otros con las lecciones que ha aprendido. En verdad, he encontrado que el maestro siempre aprende más que el alumno. Cuando compartimos nuestras lecciones de vida con otros, eso nos ayuda a obtener más información.

10. Aprenda a construir un mejor modelo para que otros lo sigan.

En última instancia, nuestras vidas son nuestro legado. En consecuencia, cada fracaso debe convertirse en un elemento básico para que construyamos un mejor modelo de la manera en que vivimos. El fracaso puede obligarnos a hacer una pausa en este mundo agitado para que luchemos por el equilibrio y el ritmo adecuado. Eso puede permitirnos ver lo que realmente funciona en oposición a lo que es un concepto inviable.

Cuando las personas con poca experiencia tienen un éxito inmediato, me duele verlos convertirse en mentores o entrenadores antes de saber si su modelo es sostenible a largo plazo. Por ejemplo, hay algunos pastores que tienen un enorme crecimiento de la iglesia y escriben libros para aconsejar a una nueva generación de líderes, pero lideran iglesias que tienen menos de diez años. Es demasiado pronto para saber si su modelo puede resistir la prueba del tiempo en cuanto al agotamiento del ministerio, la rotación de líderes y el éxito multigeneracional en el desarrollo de familias saludables que mantendrán a sus hijos y perpetuarán la fe. No creo que podamos confiar en modelos y filosofías de vida o ministerio hasta que hayan experimentado las pruebas de fuego y salgan con éxito del otro lado.

11. Motívese para que crezca en la fe.

El pasaje bíblico de Zacarías 4:6 es más real para mí hoy que nunca. Verdaderamente he encontrado que cuando todo está dicho y hecho, no es por mi poder ni mi fuerza. Se necesita el Espíritu de Dios para cumplir su voluntad y su propósito en la tierra. El fracaso me ha enseñado las grandes limitaciones de depender de mis dones y habilidades naturales para cumplir el propósito de mi reino. Cuando choco con una pared y no tengo soluciones, ¡Dios me recuerda que se necesitará fe en su capacidad para intervenir y realizar un milagro a fin de cumplir su voluntad!

12. Concédale la oportunidad a Dios, todos los días, para que le instruya.

Cuanto más vivo, más me doy cuenta de que nunca obtendré los resultados que quiero en la vida sin buscar a Dios fervientemente. Necesitamos darle espacio para que nos moldee y nos hable. Descubrí que cuando inicio algo significativo basado únicamente en mi propia planificación, mis dones naturales y mis habilidades, depende de mí mantener eso en marcha con mi propia fuerza. ¡Dios no está obligado a empoderar lo que él nunca quiso que existiera! Una de las mayores claves del éxito de Jesús fue el hecho de que él solo hizo lo que vio hacer a su padre (Juan 5:19).

Cuanto más envejezco, más trato de no involucrarme en nada a menos que se ajuste a mi propósito y mi misión, y que esté acompañado por un fuerte testimonio —en mi espíritu— de la dirección de Dios. ¡Por supuesto que he llegado a esta conclusión después de pasar por la escuela de los golpes y estar a punto de sufrir agotamiento en varias ocasiones!

En conclusión, mi objetivo es alentarle a no darse por vencido y ayudarle a comprender que el fracaso es uno de los peldaños clave para el éxito. Ruego que reflexione sobre cada uno de los doce puntos presentados aquí para que pueda aplicar estas verdades eternas a su vida. Si lo hace, confío en que tendrá muchas más posibilidades de convertir sus fracasos en éxitos. Los doce puntos son guías esenciales tanto para el mentor como para el aprendiz, para el maestro y el alumno, con respecto a la actitud adecuada que debemos asumir cuando experimentemos el fracaso. ¡El fracaso no es el fin del mundo, puede convertirse en el comienzo de algo grandioso! He descubierto que cada crisis es realmente una oportunidad oculta para que Dios cambie nuestros paradigmas y nos dé soluciones a los desafíos que nunca hubiéramos recibido si todo hubiera ido bien. La crisis que surge del fracaso, muchas veces, nos impulsa a buscar a Dios para que él pueda iniciar cambios en las estrategias, métodos e incluso en nuestros planes vocacionales.

Como mentores maduros dedicados a empodera a otras personas para que cumplan su llamado, debemos inculcar estos principios en aquellos que nos miran para que no se rindan cuando las cosas se pongan difíciles y experimenten el fracaso. Enséñeles que el fracaso puede ser, en realidad, lo que enseña las lecciones de vida que necesitan para el éxito a largo plazo.

Capítulo 9

El poder de delegar

No MUCHO DESPUÉS de que Jesús escogió a doce apóstoles de su grupo más grande de discípulos (Lucas 6:12-13), les dio potestad y autoridad sobre todos los demonios, además de poder para sanar enfermedades. Luego los envió a proclamar el reino de Dios y a sanar (Lucas 9:1-2). Claramente, Jesús entendió lo que significaba delegar responsabilidad (Lucas 9:1-2; 10:1). De hecho, su objetivo era causar un impacto duradero en cuanto a la proclamación del reino.

En Lucas 9:2 la palabra *enviados* proviene del griego *apostelló*, que significa "enviar o despachar".[1] Es una palabra compuesta: apo, "de, lejos de",[2] y *stéllō*, "preparar ... despachar ... enviar".[3] Esta misma palabra también se usa cuando Jesús envía a los setenta (Lucas 10:1). Por lo tanto, esto significa que la palabra *enviado* no se limita a los doce apóstoles originales, sino que puede usarse para enviar a otros. La vemos usarse en otros lugares en el Nuevo Testamento (Hechos 13:2). De modo que, Jesús estaba llevando el movimiento a otro nivel en vez de permitir que dependiera únicamente de él. Delegó poder y autoridad a otros para que el movimiento pudiera multiplicarse.

Las Escrituras muestran a los apóstoles recibiendo tanto poder (griego *dunamis*) como autoridad (griego *exousia*). Estos son conceptos similares aunque diferentes:

- Poder: *dunamis* significa "poder, fuerza, fortaleza
... potencia ... habilidad".[4] Se refiere a la potencia
bruta necesaria para realizar una tarea.

- Autoridad: *exousia* se refiere a "autoridad, poder
absoluto, autorización",[5] "el poder ejercido por
gobernantes u otros en una alta posición en virtud de su cargo".[6]

Por ejemplo, un oficial de policía tiene la autoridad legal
para detener un automóvil pero no el poder para pararlo.
Un hombre con un arma puede tener el poder de matar a
alguien pero no la autoridad legal para matar a alguien. Por
lo tanto, *dunamis* es el poder puro; *exousia* es la autoridad
para usar ese poder.

Por tanto, vemos la sorprendente verdad de que Jesús
les dio a sus apóstoles tanto el poder puro como la autoridad legal para predicar, sanar y expulsar demonios. Jesús
le otorga poder y autoridad similares a todos los creyentes,
como vemos en otros pasajes, por ejemplo Marcos 16:15-
18 y Santiago 5:14-15. También vemos cómo, después de
que regresaron, dieron cuenta de todo lo que hicieron a
Jesús como una forma de informar, comparar notas para ser
corregidos y animados, si fuese necesario. (Ver Lucas 9:10).

Como último Adán (1 Corintios 15:45), Jesús ahora se
estaba multiplicando a sí mismo, tal como se le ordenó al
primer Adán que hiciera (Génesis 1:28). Por supuesto, el primer Adán solo pudo multiplicarse biológicamente. Jesús, por
el contrario, se estaba multiplicando a sí mismo en espíritu
y en verdad. Dado el hecho de que a Jesús no le quedaba
mucho tiempo en la tierra, estaba totalmente enfocado en
aumentar su capacidad para difundir la enseñanza y promover el movimiento antes de ascender al cielo. En consecuencia, después de facultar a doce de los discípulos, vemos

que nombró a otros setenta para proclamar el reino y sanar a los enfermos (Lucas 10:1-16).

Estos discípulos también regresaron para darle un informe a Jesús y los encontramos emocionados porque hasta los demonios se les sometieron en el nombre del Señor (vv. 17-19). Su respuesta fue instruirlos para que no se emocionaran por echar fuera demonios, sino que lo hicieran porque sus nombres estaban escritos en los cielos (v. 20). Como maestro liberador de potencial y maestro en convertir hombres ordinarios en líderes extraordinarios, Jesús entendió que la mera enseñanza no era suficiente para desarrollar el potencial en los demás. Sabía que a menos que les diera trabajo que hacer, no continuarían creciendo. Por lo tanto, su fórmula era algo como esto:

- Jesús elegiría a alguien para que estuviera con él, para que hiciera vida con él, no solo para que lo escuchara predicar en reuniones religiosas.
- Jesús les daría tiempo para vincularse con él y con otros en el equipo.
- Jesús sería un modelo de liderazgo y ministerio para ellos.
- Luego, Jesús los enviaría a hacer lo que él hizo una vez que sintiera que tenían suficiente entrenamiento.
- Luego, Jesús los llamaría a un lado para informar, comparar notas y corregirlos según fuera necesario.

Una vez que se estableció el equipo inicial, Jesús amplió el grupo y repitió el mismo proceso para que el movimiento tuviera una base más grande de líderes a fin de perpetuar el reino de Dios. Jesús entendió y demostró tres principios importantes. Primero, el movimiento nunca debe depender del liderazgo y las habilidades de una sola persona. Segundo, aquellos a los que estaba discipulando nunca crecerían con simples enseñanzas y reuniones. Se les tenía que dar la responsabilidad de poner en práctica lo impartido. Tercero, el movimiento solo podía crecer y mantenerse en función de lo grande que fuera la base de liderazgo que lo sustentaba. De la misma manera, Jesús desarrolló a las personas y desató su potencial a través del principio de delegación y mayordomía. Debemos hacer lo mismo si queremos iguales resultados. Descubrí que las personas solo pueden crecer a través de la enseñanza en los primeros seis meses a un año después de llegar a Cristo. Después de eso, a menos que sean voluntarios o sirvan en la iglesia, no seguirán creciendo. Jesús les dijo a sus discípulos que su comida era hacer la voluntad de Aquel que lo envió (Juan 4:32-34). En otras palabras, nos alimentamos al "hacer" la Palabra de Dios, no solo al escucharla.

Por lo tanto, es esencial que nosotros —que queremos hacer que otros maduren en Cristo— aprendamos a delegar responsabilidades a los que estamos asesorando. Esto genera confianza, brinda la oportunidad de ver las fortalezas y debilidades de la persona a la que está asesorando y le brinda la capacidad de criticar y perfeccionar las habilidades de su aprendiz.

Este es el mismo método que seguí con Kristian. Después de que fue creyente durante casi un año, comencé a confiarle ciertas responsabilidades en la iglesia, lo que lo llevó a convertirse en el líder de jóvenes unos cinco años después. Eso me dio una gran oportunidad para hablarle, así como para desarrollar sus dones y habilidades como comunicador bíblico y líder emergente. En conjunto, todas estas cosas finalmente llevaron a Kristian a convertirse en el pastor principal de su propia congregación.

Tres etapas de la asesoría

Descubrí que una de las cosas más importantes acerca de la delegación es caminar a través de tres etapas con aquellos a quienes estoy asesorando, para permitir tanto el crecimiento del individuo como la responsabilidad adecuada en el proceso. La primera etapa consiste en dar a la persona que está asesorando alguna responsabilidad como parte de su tarea. Eso brinda pautas que incluyen metas, plazos y objetivos para que la persona conozca la misión general de la tarea y los resultados que está buscando. La segunda etapa viene una vez que se completa la tarea. Es entonces cuando tiene un tiempo para reunirse con su aprendiz para evaluar qué se hizo, cómo se hizo y si se cumplieron las metas, los objetivos y los plazos. La tercera etapa es el momento de alentar, corregir y afinar antes de que la persona esté lista para la siguiente tarea, a menos que no haya logrado realizarla correctamente, en cuyo caso se le debe dar otra oportunidad para intentar otra tarea.

Si se descuida cualquiera de estas tres etapas, entonces no se está discipulando adecuadamente a las personas nuevas, lo que a su vez les roba la oportunidad de crecer en verdad y liberar su potencial. En consecuencia, delegar no significa simplemente asignar tareas sin ningún seguimiento o rendición de cuentas, sobre todo en el caso de que a alguien se le asigne una tarea nueva o desconocida. Alguien tiene que supervisar de cerca al aprendiz en las etapas iniciales y luego informar a esa persona una vez que se completa la tarea. Cuanto más familiarizada y experimentada se vuelva la persona con la tarea, menos supervisión necesitará y más libertad se le debe dar. A fin de cuentas, deberíamos llegar a un punto en el que solo le demos pautas a la persona, junto con plazos y objetivos, ¡y luego la dejemos en paz! Si bien la misión general sigue siendo la misma, las formas en que la persona cumple la misión y los métodos que usa pueden diferir de los del maestro, según los dones, las habilidades y la personalidad.

Permitir que las personas tengan libertad en el marco de las pautas es quizás la mejor manera de desarrollar sus habilidades y liberarlos para que sean personas extraordinarias. La microgestión, decirle a alguien cómo hacer las cosas y respirarle encima del hombro después de que haya sido entrenado y probado, solo lo frustrará y hará que renuncie. Los líderes que no saben cómo capacitar, delegar y liberar a otros limitarán el crecimiento de su organización, así como la capacidad de crecimiento de las personas que están tratando de madurar como seguidores de Cristo.

Doy gracias a Dios que mi pastor original, Ben Crandell, no temió permitirme crecer en el ministerio cuando era joven. Había sido creyente durante solo seis meses cuando organicé mi primer gran evento evangelístico en un parque público de la ciudad de Nueva York. En cierto momento, me pusieron a cargo de transportar a muchas personas a nuestra iglesia, además de ser el líder de sección de unos doce líderes de grupos celulares que se reunían conmigo una vez al mes para orar e instruirlos. En este punto, ¡había sido creyente por solo unos tres años!

Mi pastor no tuvo miedo de arriesgarse conmigo a pesar de que solo tenía veintidós años cuando comenzó a darme mucha responsabilidad. Sin embargo, fue a través de esos años formativos organizando reuniones, rutas de autobuses y ayudando a los líderes de grupos celulares que pude perfeccionar mis habilidades como organizador, líder y maestro, lo que me permitió convertirme en pastor líder a los veinticinco años de edad. Si mi pastor hubiera sido inseguro e incapaz de delegar la responsabilidad a un joven líder emergente no probado como yo, nunca habría crecido como líder ni estaría equipado para lo que estoy haciendo actualmente. Mi experiencia personal ilustra la importancia de delegar como parte del proceso de equipamiento para liberar el potencial de los demás. Sin el proceso de delegación incorporado a nuestros métodos de discipulado, no existe una matriz para demostrar el crecimiento y la capacidad de una persona. Cuando digo crecimiento me refiero no solo a la habilidad sino también al carácter que se pondrá a prueba en medio de las tareas asignadas.

Para usar un ejemplo cotidiano a fin de ilustrar aun más las tres etapas necesarias para el desarrollo, ¿puede imaginar lo insensato de otorgar una licencia a una persona para practicar medicina o realizar cirugías solo porque obtuvo altas calificaciones académicas en la escuela? Imagínese si una persona pudiera convertirse en cirujano sin antes trabajar con otro médico como interno. ¿Qué pasaría si le diéramos a la gente una licencia para conducir un automóvil solo porque pudieron pasar la prueba del permiso escrito? Por desdicha, la iglesia tiene un historial en cuanto a ordenar personas al ministerio eclesiástico de tiempo completo o incluso como pastores principales simplemente porque fueron a un seminario y recibieron una maestría en divinidad. Qué insensato y antibíblico es eso.

Al concluir este capítulo, creo sinceramente que todo nuestro entrenamiento y trabajo aquí en la tierra nos está preparando —en última instancia— para el día en que discipulemos a naciones enteras como Jesús ordenó en Mateo 28:19. La palabra *naciones* aquí tiene que ver con grupos de personas, no simplemente con una persona de una etnia individual. Pablo alude a esto en su Primera Carta a los Corintios cuando reprende a la iglesia diciendo que un día los santos juzgarán a los ángeles (1 Corintios 6:3), así que ¿cuánto más podremos administrar los asuntos de esta vida? Por lo tanto, Dios no solo está preparando a los creyentes individuales, sino también iglesias enteras para administrar las cosas de este mundo, ¡para que un día se nos confíe la construcción de comunidades y el pastoreo de naciones! Después de todo, somos coherederos con Cristo (Romanos 8:17), que ha sido comisionado por el Padre para heredar las naciones y los confines de la tierra como su posesión (Salmos 2). En consecuencia, todo lo que deleguemos a otra persona y todo lo que el Señor nos delegue es un campo de entrenamiento para una mayor responsabilidad que finalmente nos preparará para gobernar y reinar con el Señor Jesús (Apocalipsis. 2:26-27).

Capítulo 10

El poder de priorizar

H ASTA UN EXAMEN superficial de los evangelios muestra que Jesús favoreció a ciertos individuos más que a otros. Es decir, intencionalmente invirtió más de su tiempo con determinadas personas. Aunque ministró a las multitudes, extrajo de ellas sus discípulos, aquellos que se comprometieron a seguirlo (Lucas 14:25-26). De esos discípulos, Jesús escogió a doce (Lucas 6:13), cuya tarea principal era pasar tiempo con él (Marcos 3:14) antes de ser enviados a predicar y sanar a los enfermos. Por lo tanto, el plan principal de Jesús en la tierra no fue ministrar a las multitudes sino invertir su tiempo en capacitar a los doce. También vemos, al examinar las narraciones del evangelio, que de los doce Jesús tenía un círculo íntimo de tres: Santiago, Juan y Pedro, que pasaban la mayor parte del tiempo con él (Mateo 26:36-38). De esos tres, parecía que Juan, el hijo de Zebedeo, era el amigo más íntimo de Jesús (Juan 21:20).

Jesús siguió algo que se hizo famoso en la filosofía de gestión empresarial y se conoce como el Principio de Pareto:

> El principio de Pareto (también conocido como la regla 80/20 o el principio de los pocos vitales y muchos triviales) establece que, en muchos casos, aproximadamente el 80 % de los efectos provienen del 20 % de las causas. El consultor de gestión Joseph M. Juran sugirió el principio y le dio nombre en honor al economista italiano Vilfredo Pareto, que notó la conexión

80/20 mientras estaba en la Universidad de Lausana en 1896, como se publicó en su primer artículo, *Cours d'économie politique*. En esencia, Pareto mostró que aproximadamente el 80 % de la tierra en Italia era propiedad del 20% de la población.

Es un axioma de la gestión empresarial que "el 80 % de las ventas provienen del 20 % de los clientes". Richard Koch es autor del libro *El principio 80/20*, que ilustra una serie de aplicaciones prácticas del principio de Pareto en la gestión empresarial y en la vida. Siguiendo el trabajo fundamental de Koch, muchos ejecutivos de negocios han citado la regla 80/20 como una herramienta para maximizar la eficiencia empresarial.[1]

En la lengua vernácula, esto significa que alrededor del 80 % de la producción de cualquier organización provendrá de solo alrededor del 20 % de las personas. He descubierto que esto es cierto no solo en los negocios sino también en el ambiente de la iglesia. Como pastor, he observado que solo alrededor del 20 % de las personas de la congregación dan la mayor parte de los diezmos y las ofrendas y hacen la mayor parte del voluntariado en la iglesia. Esta es simplemente la naturaleza humana. El 80 % de la gente está aquí simplemente por pasear, y solo un remanente de alrededor del 20 % cree verdaderamente el mensaje del evangelio y lo pone en práctica con todo su corazón.

El apóstol Pablo también mostró que siguió este principio cuando instruyó a su protegido, Timoteo, para que escogiera de la multitud a hombres fieles que tuvieran la capacidad de enseñarles y confiarles la Palabra (2 Timoteo 2:2). Cuando los pastores o las empresas simplemente se enfocan en las multitudes en vez de centrar su atención en aquellos que tienen más probabilidades de generar el mayor retorno de su inversión de tiempo, están siendo mayordomos imprudentes y no entienden cómo priorizar de la manera en que lo hicieron Jesús y Pablo.

Como ya mencioné en otro capítulo, Jesús eligió personas con potencial (todas tenían sus propios negocios o ya estaban ocupadas en el liderazgo) y no perdió el tiempo con personas que eran flojas o que querían discutir con él. No pasó la mayor parte de su tiempo con los líderes religiosos que se le oponían, sino con aquellos que tenían hambre y sed de él, y que también tenían el mayor potencial de liderazgo.

En consecuencia, esto puede ser un *shock* para aquellos en el cuerpo de Cristo que ven la Biblia con una óptica democrática en vez de una lente teocrática, ¡pero a Dios no le gusta el igualitarismo! Dios no trata a todas las personas igual. Unos tienen un llamado mayor que otros, y aun otros tendrán más encuentros divinos con Dios que otras personas. Además, no toda persona está llamada a ser un ministro quíntuple (Efesios 4:11). Solo algunos son llamados a funcionar como líderes del ministerio quíntuple en la iglesia. Además, no todos los ministros quíntuples tienen la misma medida de este don de Cristo. (Ver Efesios 4:7, 11.)

El contexto de 2 Timoteo 2:2 es que Pablo, como líder extra local —un líder apostólico— estaba invirtiendo su tiempo en Timoteo como otro líder extra local (apostólico) que a su vez fue alentado por Pablo a identificar e invertir su tiempo con otros posibles líderes extra locales (apostólicos) que a su vez podrían ayudar a dirigir otras congregaciones florecientes y plantar otras nuevas. Note que en este pasaje Pablo le dijo a Timoteo que diferenciara entre aquellos que escucharon el mensaje en medio de muchos testigos y los que fueron fieles y capaces de enseñar a otros.

Por lo tanto, le dijo a Timoteo que dividiera la multitud en segmentos más pequeños de creyentes individuales que tuvieran un potencial de alta capacidad para que Timoteo pudiera esforzarse por invertir en esos individuos y luego autorizarlos para el ministerio. Al enfocarse en unos pocos, en vez de la multitud, Timoteo no estaba siendo cruel sino sabio, porque —como ya se mencionó—, solo alrededor del 20 % de la gente hará alrededor del 80 % del ministerio. Es decir, al enfocarse en los fieles, en los pocos capaces más que en los muchos, habría una mayor posibilidad de que el movimiento tuviera un futuro sostenible porque habría más personas capaces de ministrar y perpetuar el mensaje del evangelio.

Cuando inicié Resurrection Church en 1984, mi lema y método clave para edificar la iglesia se basó en el modelo de Pablo y Timoteo de 2 Timoteo 2:2. Empecé seleccionando a unos ocho hombres con los que me reunía una vez por semana durante unas horas. Los llamé mi "grupo Timoteo". Posteriormente, a medida que la iglesia crecía, me reunía con unos treinta hombres durante tres horas a la semana y lo llamé Hombres en Entrenamiento (MIT, por sus siglas en inglés). Al fin, aproximadamente un año después, me reunía con ellos cada dos semanas y comencé otro grupo de treinta hombres llamado Junior MIT. Durante muchos años me reuní con esos hombres. Revisamos libros juntos, oramos juntos y creamos estrategias juntos. ¡Se convirtieron en mis mejores líderes! Algunos de ellos (como Kristian) se convirtieron en mis ancianos, líderes y pastores, y enviamos a muchos de ellos para que iniciaran iglesias o su propia misión evangelística. Verdaderamente, el MIT se convirtió en la piedra angular de la congregación Resurrection Church y la razón principal por la que desde 1984 la iglesia sigue creciendo, expandiéndose a otros recintos y nutriendo y enviando líderes de alto nivel para hacer avanzar el reino de Dios.

Antes de concluir este capítulo, quiero que examinemos
más de cerca la manera en que Jesús escogió a sus amigos,
aquellos en los que invirtió la mayor parte de su tiempo.
Con el evangelio confuso que se predica hoy, y con la visión
actual de Jesús actuando como un hippie de los años 1960,
que andaba diciendo "Paz y amor" a todos los que se cruza-
ban en su camino, los siguientes puntos a considerar serán
impactantes para la mayoría en la iglesia que piensa que
Jesús actuó como un gurú espiritual brindando igualdad
de oportunidades y que se hizo amigo e invirtió su tiempo
de la misma manera con todos.

Cómo escogió Jesús a sus amigos

Cuando la mayoría de la gente piensa en cómo elegir a sus
amigos, usan un concepto más mundano e informal que
bíblico. En Juan 15:15, Jesús les dijo a sus discípulos que los
consideraba amigos y no siervos. Dado que el reino de Dios
se basa en la relación y no en el ministerio, es importante
que sepamos elegir sabiamente a nuestros amigos. Muchas
iglesias, e incluso cristianos, intentan engendrar amistades
simplemente para tener un buen compañerismo. Sin embargo, la verdadera comunión del reino debe tener el objetivo
final de acercarse a alguien para promover los propósitos
del reino. La mayoría de las personas son demasiado rápidas para llamar a alguien amigo o elegirlo como tal solo
porque tienen algunas cosas en común. Elegir amigos debería ser mucho más importante que escoger a alguien como
amigo con el que solo trabaja o disfruta viendo un partido
de futbol. Simplemente gustar de alguien no debería ser el
único criterio para la amistad.

Hay muchas personas con las que me gustaría estar constantemente, pero cuando se trata del reino, el asunto es más

que eso. Tengo que preguntarme si estoy llamado a construir con alguien antes de hacer un compromiso a largo plazo. La razón es obvia: el destino de un individuo a menudo lo determinan las personas más cercanas a él en cuanto a la calidad del tiempo invertido, las metas mutuas y el propósito común. Usted es tal como la persona con quien elige pasar más tiempo. Los siguientes son algunos de los criterios que usó Jesús para elegir a sus amigos.

Jesús oraba antes de elegir a sus amigos.

En Lucas 6:12-13, Jesús oró toda la noche antes de elegir a las doce personas que serían más cercanas a él. Esto muestra que esa elección suya no fue fortuita; la nuestra tampoco debería serlo.

Los amigos de Jesús llevaban vidas de obediencia a Dios.

En Juan 15:14 Jesús dijo: "Ustedes son mis amigos si hacen lo que yo les mando". Sería una tontería que los creyentes hicieran de sus amigos más cercanos y confidentes personas que viven sin propósito delante del Señor. Eso no quiere decir que no podamos tener amigos que no sigan a Cristo. Jesús, a veces, pasaba tiempo con los pecadores (Lucas 7:34). Sin embargo, no se juntaba con ellos simplemente para pasar un buen rato, sino para ganárselos para su Padre de modo que al fin pudieran tener una vida de obediencia.

Además, esos pecadores no eran con quienes él invertía más tiempo, a menos que se convirtieran en sus discípulos. Pablo animó a Timoteo a "seguir la justicia, la fe, el amor y la paz, junto con los que invocan al Señor con un corazón limpio" (2 Timoteo 2:22). En consecuencia, no debemos ser amigos cercanos de alguien a menos que se tome en serio las cosas de Dios.

Jesús escogió a sus amigos para que estuvieran con él, para luego enviarlos.

Marcos 3:14 enseña que la principal expectativa que Jesús tenía al principio con aquellos a quienes eligió como amigos era pasar tiempo juntos. Tuvieron que aprender a "hacer vida" juntos, no solo realizar estudios bíblicos y asistir a la sinagoga. Sin embargo, el resultado final de su proximidad con él fue que serían enviados a predicar. Después de todo, ¿cómo podrían proclamar a un Jesús que no conocían y cómo podrían conocerlo a menos que pasaran tiempo valioso con él? Nadie debe apresurarse a llamar amigo a alguien antes de haber pasado bastante tiempo de calidad con esa persona y conocerla a fondo.

Jesús escogía amigos con los que podía compartir su corazón.

Juan 15:15 nos enseña que Jesús compartió su corazón con los amigos que lo entendieron. En Mateo 13:11, Jesús les dijo a sus amigos: "A ustedes se les ha concedido conocer los misterios del reino de los cielos; pero a ellos [no amigos] no". Si alguien no puede entender su corazón o creer en su visión, será difícil que esa persona sea un verdadero amigo del reino.

Jesús escogió proactivamente a sus amigos.

En el contexto de cómo eligió a los amigos, Juan 15:16 nos enseña que las personas no lo eligieron a él, sino lo contrario. Aunque este pasaje también se refiere a la salvación, muestra que su metodología para elegir amigos fue proactiva (no reactiva) y basada en su llamado a construir con él. En consecuencia, debemos determinar en nuestro corazón a quién deberíamos buscar como amigos. No elija simplemente a aquellos que desean estar cerca de usted; escoja proactivamente a las personas en base a la dirección del Señor. No todos los que querían estar cerca de Jesús tenían ese acceso. De las multitudes, tenía un círculo interno de solo tres, luego doce y luego setenta. Los demás solo tuvieron acceso a él durante breves momentos de sus vidas. Si va a ser fructífero en el reino, no puede pasar mucho tiempo con cada persona que conozca. Por ejemplo, no me siento culpable por no responder cada mensaje de Facebook o correo electrónico que me envían. Si lo hiciera, sufriría agotamiento, dejaría trabajo importante sin hacer o perdería mi enfoque principal y perdería mi vocación.

Los amigos de Jesús recibieron sus duros dichos.

En Juan 6:66-68, ¡muchos de sus discípulos lo dejaron porque no podían recibir el alimento de la Palabra! Sus verdaderos amigos fueron así separados de aquellos que eran meramente conocidos temporales. Los verdaderos amigos de usted estarán a su lado aun cuando Dios le diga algo duro o lo llame a hacer algo que muchas otras personas no entienden.

Los amigos de Jesús fueron aquellos que estuvieron a su lado durante sus pruebas.

Lucas 22:28-29 muestra que sus amigos más cercanos fueron los que aguantaron con él durante sus pruebas terrenales. Dios, a menudo, le permitirá pasar por una prueba personal o ministerial severa para probar a los que lo rodean y demostrar quiénes son sus verdaderos amigos. Solo puede construir con aquellos que le son fieles en los momentos difíciles y no solo cuando las cosas van bien.

En conclusión, Jesús integró su necesidad social de tener amigos con su llamado al reino. Él nunca separó las dos cosas, nosotros tampoco deberíamos hacerlo. Por lo tanto, debemos elegir proactivamente a nuestros amigos más cercanos para que sean aquellos con los que Dios nos insta a construir su reino. Eso no significa que actuemos como algunas sectas que prohíben a sus seguidores socializar con los llamados no creyentes y amar y servir a su familia inmediata. Además, nosotros, que estamos llamados a ayudar a liberar el potencial de otras personas, debemos priorizar a nuestros aprendices para que la mayor parte de nuestro tiempo invertido sea con aquellos que producirán la mayor cantidad de frutos para la gloria de Dios.

Capítulo 11

El poder de la comunidad

U NA DE LAS cosas más importantes que he descubierto en mi estudio de las Escrituras es el hecho de que fueron escritas con una mentalidad hebraica. Antes de eso, descubrí que la mayor parte del tiempo estaba imponiendo mi perspectiva individualista y cultural estadounidense sobre los pasajes bíblicos, lo que negaba la forma correcta de interpretar las Escrituras. Como resultado, individualizaría muchas de las promesas de las Escrituras y no entendía cómo Jesús, siendo judío, nunca hubiera concebido intentar liberar el potencial de un seguidor aparte de la comunidad de fe que estaba construyendo.

Mi imposición cultural de la sapiencia estadounidense en cuanto a la Biblia no es nada nuevo. Ha estado ocurriendo al menos desde que la iglesia se alejó de la influencia de Jerusalén hacia la helenística mentalidad grecorromana a partir del segundo siglo,[1] cuando gran parte de la cristiandad abrazó una interpretación individualista de la vida y la fe. Numerosas organizaciones paraeclesiásticas cometen el mismo error al intentar hacer discípulos sin que la iglesia local esté al frente y al centro de su misión y su metodología. Razonan que dado que Jesús formó doce discípulos que se convirtieron en apóstoles, antes de la iglesia, pueden imitarlo y hacer discípulos "uno a uno" sin la participación de la iglesia local.

Lo que estas organizaciones no notan es que Jesús siempre pensó en la iglesia cuando invirtió tiempo en sus discípulos.

Por ejemplo, en su discurso final les dijo que no los dejaría huérfanos sino que enviaría al Espíritu Santo, que continuaría su ministerio a través de ellos. De la misma manera que Jesús ministró por el poder del Espíritu Santo, ellos también lo harían por el Espíritu (Juan 14:16-18). Incluso les dijo: "Cuando venga el Consolador que yo les enviaré de parte del Padre, el Espíritu de verdad que procede del Padre, él testificará acerca de mí. Y también ustedes darán testimonio porque han estado conmigo desde el principio" (Juan 15:26-27). Dijo además a sus discípulos:

> Pero cuando venga el Espíritu de la verdad, él los guiará a toda la verdad, porque no hablará por su propia cuenta, sino que dirá solo lo que oiga y les anunciará las cosas por venir. Él me glorificará porque tomará de lo mío y se lo dará a conocer a ustedes. Todo cuanto tiene el Padre es mío. Por eso les dije que el Espíritu tomará de lo mío y se lo dará a conocer a ustedes.
>
> —JUAN 16:13-15

Además, vemos al comienzo de la narración de Hechos que el historiador Lucas conectó a la iglesia con el ministerio de Jesús cuando inició su declaración afirmando que su evangelio (el Evangelio de Lucas) trata sobre "todo lo que Jesús comenzó a hacer y enseñar". (Ver Hechos 1:1). Al decir que registró "todo lo que Jesús comenzó a hacer y enseñar", ¡estaba enmarcando la narración de Hechos como una continuación del ministerio de Jesús a través de la iglesia! Es decir, tener un modelo de discipulado sin pensar en la iglesia es un gran error. Mi propia experiencia como pastor me ha demostrado que además de la predicación de la Palabra y la adoración, la forma principal en que una persona aprende a caminar en su propósito divino es sirviendo en una congregación local. He aprendido que el proceso de hacerse uno con otros hermanos y hermanas en la iglesia es la clave para aprender a amar, perdonar, ser paciente, empoderar a los débiles, usar los dones espirituales; recibir fuerza, esperanza y aliento; y aprender las principales formas que Dios diseñó para usarlo a usted. Por ejemplo, una persona puede decir todo lo que quiera acerca de su llamado al pastorado exclusivo de una iglesia. Sin embargo, si el resto de la congregación no escucha ni siente la voz del pastor en él, entonces eso es una señal de que no está llamado a ejercer esa función.

Cuando las personas me preguntan por qué necesitan participar en una iglesia local para ser seguidores de Jesús, uso ejemplos mundanos para expresar mi punto. Les pregunto: "¿Puede usted aprender a jugar béisbol, futbol americano, baloncesto, tenis, balompié y hockey sin unirse a un equipo?". ¡Por supuesto, la respuesta es no!

El apóstol Pablo presenta un caso aún más relevante a favor de la participación corporativa cuando compara la iglesia con un cuerpo biológico. Él dice:

Ahora bien, el cuerpo no consta de un solo miembro, sino de muchos. Si el pie dijera: "Como no soy mano, no soy del cuerpo", no por eso dejaría de ser parte del cuerpo. Y si la oreja dijera: "Como no soy ojo, no soy del cuerpo", no por eso dejaría de ser parte del cuerpo. Si todo el cuerpo fuera ojo, ¿qué sería del oído? Si todo el cuerpo fuera oído, ¿qué sería del olfato? En realidad, Dios colocó cada miembro del cuerpo como mejor le pareció. Si todos ellos fueran un solo miembro, ¿qué sería del cuerpo? Lo cierto es que hay muchos miembros, pero el cuerpo es uno solo. El ojo no puede decirle a la mano: "No te necesito". Ni puede la cabeza decirles a los pies: "No los necesito".

—1 CORINTIOS 12:14-21

De modo que, cuando las personas me preguntan si necesitan una iglesia local para seguir a Jesús, les digo: "Puedes ir al cielo sin participar en una iglesia, pero no puedes funcionar correctamente sin la iglesia de la misma manera que si me corto un dedo, que ya no puede funcionar por sí solo; debe estar conectado a la mano que, a su vez, está conectada a la muñeca y al brazo". En otras palabras, uno necesita del otro para operar adecuadamente.

El Dios Triuno es nuestro modelo para la comunidad

Jesús presentó el caso más poderoso para participar en el cuerpo de Cristo cuando nos enseñó en su oración sacerdotal (Juan 17) que los creyentes son llamados a ser uno con el otro de la misma manera que el Padre y el Hijo lo son. Es decir, los creyentes están llamados a funcionar juntos —en unidad— de la misma manera que el Padre, el Hijo y el Espíritu Santo trabajan unidos. La comunión que tiene el Dios trino no es solamente compañerismo. Es una unidad con propósito que resultó en la creación del universo y en la cual se desarrolló el magnánimo plan de redención en Cristo.

Enfoquémonos juntos en un aspecto de esta oración como se registra en el Evangelio de Juan. Jesús oró:

No ruego solo por estos. Ruego también por los que han de creer en mí por el mensaje de ellos, para que todos sean uno. Padre, así como tú estás en mí y yo en ti, permite que ellos también estén en nosotros, para que el mundo crea que tú me has enviado. Yo les he dado la gloria que me diste, para que sean uno, así como nosotros somos uno: yo en ellos y tú en mí. Permite que alcancen la perfección en la unidad, y así el mundo reconozca que tú me enviaste y que los has amado a ellos tal como me has amado a mí. Padre, quiero que los que me has dado estén conmigo donde yo estoy. Que vean mi gloria, la gloria que me has dado porque me amaste desde antes de la creación del mundo.

—Juan 17:20-24

Esta poderosa oración de Jesús muestra que el tipo de unidad que Dios espera de su iglesia está modelada por la que existe entre el Padre y el Hijo. Esto debería obligar a cada seguidor de Cristo a tener una fuerte unidad funcional con los hermanos de la iglesia. Jesús incluso dijo que la efectividad de la evangelización mundial depende de la calidad de la unidad funcional en la que camina la iglesia.[2]

Entonces Jesús oró para que la iglesia tuviera la misma gloria que el Padre le dio al Hijo, de manera que ¡seamos uno con los demás y con el Padre! Esto es bastante sorprendente ya que cuando pensamos en la gloria de Dios, por lo general, lo limitamos a la nube que cae en una reunión repleta de personas que se salvan y sanan. Sin embargo, en este contexto, Jesús está diciendo que otro aspecto de la gloria de Dios es cuando él une los corazones y las mentes como uno solo en su persona. Verdaderamente, la unidad es tan difícil para la humanidad que cuando los individuos pueden unirse en un solo corazón y mente en Cristo, ¡es un acto de Dios!

Por último, Jesús afirma que seremos perfeccionados en la unidad para que el mundo sepa que él fue enviado por el

Padre. Esta poderosa frase, *perfección en la unidad*, muestra que es imposible que una persona madure en Cristo sin caminar en unidad con los demás miembros de la iglesia. La palabra *perfección* aquí no se refiere a la perfección sin pecado sino a la madurez; por lo tanto, lo que Jesús está diciendo aquí es que el proceso de tener unidad con otros miembros del cuerpo de Cristo —que a menudo implica perdonar y ser bondadoso, servirse unos a otros, empoderarse de manera mutua, soportando las faltas y debilidades de los demás, y así sucesivamente— es el único proceso que puede obrar para que maduremos como seguidores de Cristo.

En consecuencia, es mucho más fácil ser un cristiano fuerte que lee la Biblia y ora solo en su habitación que aprender a caminar con su fe en el contexto de las personas con las que puede tener diferencias étnicas, culturales, de personalidad y de valores, y en el que puede haber un choque de egos y ambiciones, junto con la proyección del falso yo disfrazado de actuación religiosa. Jesús está diciendo que si usted puede aprender a andar en unidad con su pueblo, ¡entonces esa es la prueba de que la gloria de Dios está obrando en usted para que madure y sea semejante a Cristo!

Jesús no trabajó individualmente con cada discípulo, sino que los puso a todos en el caldero de un intenso ministerio en equipo en el contexto de multitudes enfocadas en sí mismas compitiendo por su atención y su ayuda. Reunió a doce hombres con diversos antecedentes económicos y vocacionales, junto con varias intenciones y planes en sus corazones. No fue fácil ministrar juntos como equipo, aun con Jesús operando como su líder. Por ejemplo, cada vez que pienso que estoy teniendo un mal día, todo lo que tengo que hacer es ir a la porción de las Escrituras que muestra lo que sucedió la última noche que Jesús vivió antes de su crucifixión. Encontramos en la narración de Lucas que la misma noche que Jesús compartió su Última Cena con los Doce, sucedió todo lo siguiente:

- Uno de los doce traicionó a Jesús (ver Lucas 22:21).
- El resto de los doce discutían entre sí sobre cuál de ellos era el mayor en el reino de Dios (ver Lucas 22:24-27).
- Satanás trató de hacer que Pedro, el líder del floreciente movimiento de Cristo, se apartara de la fe (ver Lucas 22:31, 34).
- Sus tres discípulos más cercanos se quedaron dormidos por la tristeza y la depresión, y ni siquiera pudieron orar con Jesús en su hora más oscura (ver Lucas 22:44-46).
- Uno de los doce lideró un ejército de antagonistas que arrestaron a Jesús y lo llevaron a su muerte final (ver Lucas 22:47-53).

En conclusión, está claro que si queremos liberar el potencial de las personas, necesitamos de una u otra forma lograr que sirvan a Dios en el contexto de una congregación local. Jesús enseñó a sus discípulos a cumplir la voluntad de Dios aprendiendo a trabajar juntos como equipo, no como individuos. Fueron este tipo de experiencias que vivieron juntos las que los prepararon para las pruebas y tribulaciones mucho más duras que les esperaban una vez que la iglesia, que debían dirigir, naciera poco después en el día de Pentecostés (ver Hechos 2).

Capítulo 12

El poder del liderazgo seguro

A LO LARGO DE los años, he observado el hecho de que cuanto más insegura es una persona, menos dispuesta y menos capaz está de liberar el potencial de alto nivel en los demás. Por el contrario, cuanto más segura es, más dispuesta y capaz está de reconocer y liberar un gran potencial en los demás. Si una persona se siente pequeña por dentro, pensará que todos son gigantes que intentan matarla. Cuando nuestro yo interior es fuerte, nos sentimos cómodos con los demás, lo que nos permite actuar a gran capacidad. Una de las cosas que hizo de Jesús el mayor liberador de potencial que jamás haya existido fue el hecho de que estaba muy seguro de sí mismo. Nunca caminó tenso tratando de probarse a sí mismo ante otras personas.

Un encuentro que tuvo con los líderes religiosos que se le opusieron destaca su seguridad interna como persona:

Una vez más Jesús se dirigió a la gente y dijo:

—Yo soy la luz del mundo. El que me sigue no andará en oscuridad, sino que tendrá la luz de la vida.

—Tú te presentas como tu propio testigo —alegaron los fariseos—, así que tu testimonio no es válido.

—Aunque yo sea mi propio testigo —respondió Jesús—, mi testimonio es válido, porque sé de dónde he venido y a dónde voy. Pero ustedes no saben de dónde vengo ni a dónde voy. Ustedes juzgan según criterios humanos; yo, en cambio, no juzgo a nadie.

Y si lo hago, mis juicios son válidos porque no los emito por mi cuenta, sino en unión con el Padre que me envió.

—Juan 8:12-16

En este encuentro es evidente que Jesús no necesitaba la afirmación de otros hombres porque ya tenía la de su Padre. Observe que no tuvo ningún problema con declarar la verdad acerca de sí mismo cuando dijo que él era la luz del mundo. Esto se debe a que las personas seguras pueden hablar francamente sobre sí mismas sin sucumbir a la falsa humildad o al orgullo. Jesús insinuó que la confianza y la fuerza que tenía para testificar acerca de su propia persona procedían del hecho de que sabía de dónde venía y hacia dónde iba. Es decir, él estaba cimentado y establecido en su identidad original, lo que aseguraba que tenía un camino fijo por delante que su Padre le había dado para que ningún ser humano pudiera impedir que su futuro deseado se cumpliera.

Dicho esto, uno de los llamados que tenemos para ser como Cristo es estar seguros en él de la misma manera que él lo estuvo en su Padre. Cuanto más seguros estemos en Cristo, más podremos ayudar a asegurar y establecer a otros en la fe y en su capacidad para desatar su potencial. Esto se debe a que cuanto más seguros estemos en Cristo, más discernimiento tendremos para reconocer el potencial en los demás sin sentirnos amenazados o inseguros por ello. Cuanto más seguros estemos en Cristo, más podremos ayudar a otros a sentirse asegurados en él para que ellos también puedan continuar el ciclo de ayudar a cimentar a otros en Cristo. Después de todo, cuanto más profundas sean las raíces de un árbol, más alto puede crecer. Las alturas que podemos alcanzar en Cristo están determinadas por la profundidad de nuestras raíces en Cristo. Cuanto menos arraigados en

Cristo estemos, menos arraigados en Cristo estarán nuestros discípulos.

Los siguientes son algunos de los rasgos de las personas seguras:

- Las personas seguras no temen al potencial de alto nivel de otras personas.
- Las personas seguras no tienen miedo de ayudar a otras personas a realizar obras mayores que las que ellos mismos han realizado.
- Las personas seguras son capaces de mantener los límites adecuados porque son individuos centrados que no están dando vueltas ignorando los límites personales y familiares o tratando de crear oportunidades para elevarse.
- Las personas seguras poseen más sabiduría para impartir a los demás porque cuando están seguros, están más tranquilos ante el Señor y menos ansiosos, lo que les facilita discernir la voluntad de Dios para ellos y para los demás.
- Las personas seguras pueden impartir fe y equilibrio a otros individuos.
- Las personas seguras dejan espacio para que otros resplandezcan. Cuanto más segura es un individuo, más fácil le resulta celebrar genuinamente los éxitos de los demás. Las personas inseguras anhelan atención constante y absorben el aire de cada espacio en el que entran. Anhelan ser la novia en cada boda y el cadáver en cada funeral. No pueden soportar que alguien o algo más, aparte de ellos mismos, sea el centro de atención.
- Las personas seguras viven para preparar a otros, de modo que continúen con su legado. Son

individuos que se esfuerzan por quedarse sin trabajo y se regocijan cuando otra persona puede hacer uno tan bueno o mejor que ellos.

No hace falta decir que cuanto más insegura es la persona, menos probable es que tenga éxito en verterse en otros y ayudarlos a liberar su potencial. Estos son algunos de los rasgos de los individuos inseguros:

- Las personas inseguras se sienten amenazadas por otros elementos más fuertes y dotados. En lugar de derramar el fuego de Dios sobre los demás, intentan verter agua fría sobre ellos para apagar su celo y su pasión por Dios.
- Las personas inseguras rara vez delegan y, a menudo, microgestionan con los demás.
- Las personas inseguras rara vez atraen a otros elementos con un gran potencial.
- Las personas inseguras se rodean de hombres y mujeres que solo dicen sí porque se sienten amenazados por los que piensan por ellos mismos.
- Las personas inseguras rara vez celebran el éxito de los demás.
- Las personas inseguras se enfocan en liberar su propio potencial más que el de los otros.
- Las personas inseguras solo son jugadores de equipo cuando son los jefes.
- Las personas inseguras solo se esfuerzan cuando lideran y reciben el crédito por ello.
- Las personas inseguras son impulsadas por el éxito más que guiadas por el Espíritu Santo.
- Las personas inseguras casi siempre se sienten incómodas en entornos sociales íntimos.

- Las personas inseguras se convierten en el cuello de botella de cualquier misión en la que participan.

Al cerrar este capítulo, no puedo exagerar la importancia que tiene para aquellos que desean liberar el potencial de los demás el hecho de asegurarse de que ellos mismos estén tratando de encontrar su seguridad, realización e identidad en el Señor Jesús. Si no, siempre limitarán tanto su eficacia como la de los que les rodean.

Cómo comprender su propósito para liberar el potencial de los demás

Jesús conocía su misión y la articuló antes de ministrar en una nueva ciudad. Encontramos un ejemplo de esto en la narración de Lucas, cuando Jesús predicó por primera vez en su ciudad natal de Nazaret. En la sinagoga abrió el rollo del profeta Isaías y leyó las siguientes palabras:

> El Espíritu del Señor está sobre mí, por cuanto me ha ungido para anunciar buenas noticias a los pobres. Me ha enviado a proclamar libertad a los cautivos y dar vista a los ciegos, a poner en libertad a los oprimidos, a pregonar el año del favor del Señor.
>
> —LUCAS 4:18-19

Jesús sabía de dónde venía y hacia dónde se dirigía en el futuro. (Ver Juan 8:14). Tenía metas tanto a corto como a largo plazo, tal cual podemos ver en las Escrituras. "Él contestó: Vayan y díganle a ese zorro: 'Mira, hoy y mañana seguiré expulsando demonios y sanando a la gente. Al tercer día terminaré lo que debo hacer'" (Lucas 13:32). Lo que sostuvo a Jesús en la cruz fue "el gozo puesto delante de él" (Hebreos 12:2 RVR1960). También entendió y articuló el propósito principal que tenía al venir al mundo, lo que salió a relucir en una conversación con Pilato durante su juicio antes de su subsiguiente crucifixión. "Así que Pilato preguntó a Jesús: '¿Eres tú el rey de los judíos?'. 'Tú mismo lo dices', respondió" (Lucas 23:3).

A la luz de esto, me di cuenta de que Jesús nunca mostró prisa cuando anduvo entre nosotros, a menudo tomaba tiempo para ministrar a alguien mientras iba de camino a ministrar a otra persona (Marcos 5:21-43). Esto es extraño para muchos de nosotros que probamos metodologías de gestión de tiempo en vez de usar principios de gestión de vida en los que cada día se centra en una agenda o categoría principal en lugar de tener que planificar cada minuto. Cuanto más concentrada esté la persona, menos apresurada y agobiada se conducirá. Esto se debe a que el enfoque disminuye la posibilidad de que el individuo se involucre en actividades innecesarias que consumen tiempo. La regla general es que cuanto más se desenfoque de la actividad, menos productividad, ganancias y tiempo tendrá para la renovación personal, de la familia y de un ministerio valioso. Por lo tanto, cuanto más desenfocada esté el elemento, menos eficaz será para ayudar a liberar el potencial de otros seres.

Si vamos a ayudar a las personas a pasar de una vida ordinaria a otra extraordinaria, debemos aprender de Jesús y tener un propósito como el de él. Si vamos a volcar nuestras vidas en los demás, entonces no podemos vivir la nuestras de manera caótica, siempre de prisa. Cuanto más intencionales seamos, más significativas serán nuestras vidas, menos prisas tendremos y más tiempo poseeremos para dedicarnos a guiar a otros.

Concluyamos este capítulo con un resumen de los principios de poder de Jesús que lo convirtieron en un gran maestro y mentor.

Jesús conocía su propósito.

En Juan 18:37, Jesús le dijo a Pilato que él era el Rey: "¡Así que eres rey!", le dijo Pilato. Jesús contestó: "Eres tú quien dice que soy rey. Yo para esto nací y para esto vine al mundo: para dar testimonio de la verdad. Todo el que está de parte de la verdad escucha mi voz". No había nada ambiguo en cuanto a Jesús. Él sabía el *qué* y el *por qué* de su nacimiento y su propósito en la tierra.

Jesús conocía su misión.

Lucas 4:18-19 ilustra que Jesús tuvo una visión con respecto a lo que se suponía que debía hacer en el ministerio para cumplir su misión.

Jesús tenía metas específicas.

Lucas 13:31-33 muestra que el Señor tenía una meta en cuanto a dónde y cuándo iba a estar en sus viajes.

Jesús pasó mucho tiempo diariamente en oración y solo hizo lo que vio hacer a su Padre.

Este principio se ilustra claramente en Isaías 50:4-7 y Juan 5:18-19.

Harald Bredesen dijo una vez a un grupo de pastores: "Si los ministros se concentraran en hacer solo lo que agrada al Señor y pusieran eso en primer lugar, entonces todos los que se supone que deben complacer estarán complacidos y los ministros no sufrirían agotamiento".

Jesús se enfocó en las personas, no en los programas.

Mateo 9:36 nos muestra que Jesús conocía a las personas y sentía compasión por ellas. En Mateo 23:2-4, nos enseña en contra de poner cargas pesadas sobre las personas sin ayudarlas. También en Mateo 23:23, el Señor menospreció

LOS PRINCIPIOS DE JESÚS

a los líderes que enfatizaban el diezmo sin considerar también la justicia y la misericordia para las personas.

Jesús se concentró en captar hombres y en desarrollarlos en cuanto al liderazgo más que en deberes administrativos.
Jesús únicamente se enfocó en lo que él y sus doce (y luego sus setenta) podían lograr. No se complicaba con mucha administración puesto que delegó en sus discípulos todo lo necesario para liberarse y concentrarse en predicar, enseñar y discipular.

La mayoría de las iglesias prosperarían si intentaran acabar con todo ministerio que no se centre en la evangelización y en hacer discípulos.

Jesús sabía de dónde venía y hacia dónde iba.
En Juan 8:14 Jesús les dijo a los judíos que su testimonio era verdadero porque sabía de dónde venía y a dónde iba.

Si las personas no saben de dónde vienen (el génesis de la vida revela el propósito y el viaje de la vida), entonces, ¿cómo van a saber por qué están aquí y a dónde se supone que deben ir?

Jesús no fue impulsado por el ego; la compasión lo movió a ministrar (Marcos 1:41-44).
Los líderes que son impulsados, más que guiados por el Señor, a menudo son competitivos, inseguros y egocéntricos con respecto a su ministerio. Pueden trabajar fuerte, pero su baja autoestima los impulsa mucho en la búsqueda de su significado.

Jesús sabía cuándo terminaría su ministerio.
Juan 19:30 muestra que Jesús sabía cuándo finalizó su ministerio, por lo que dijo: "Consumado es", antes de

entregar su espíritu y morir. Muchas personas no terminan bien, no finalizan su propósito ni permanecen en un puesto mucho después de que deberían haberlo entregado a un líder más joven o más talentoso para cumplir adecuadamente la misión corporativa.

Jesús no ministró aparte de su asignación.

Marcos 7:27 muestra que Jesús no le iba a ministrar a la mujer sirofenicia porque ella no estaba bajo el pacto con Dios y no se ajustaba al público que era su objetivo. Además, instruyó a sus discípulos a no ir a ninguno de los gentiles o samaritanos; quería que se mantuvieran enfocados y decididos (Mateo 10:5-6). Cuando usted se aparta de la tarea que Dios le ha asignado, se aleja de su gracia y de su favor, por lo que ministra desde de la carne. Esto lleva al agotamiento ministerial.

No podemos ser el salvador de todos. No somos la respuesta de todos a la oración. Usted no está llamado a ayudar a todas las personas que conozca. A veces, Satanás enviará personas que tratarán de que usted se agote. Así que manténgase en el marco de su asignación y prosperará, por lo que se sentirá satisfecho.

En nuestra iglesia me niego a iniciar un ministerio, aunque haya una gran necesidad, hasta que Dios me provea un líder calificado para ejercerlo. La razón de ello es que si no tengo un líder para administrar el ministerio, entonces el personal de mi oficina o yo tendremos que desarrollar el nuevo ministerio, lo que ejercerá una tensión indebida en nosotros.

Jesús no perdió su tiempo en conversaciones sin sentido.

Juan 12:20-23 registra que Jesús nunca honró el pedido de los griegos que querían verlo, así que los ignoró y continuó en la siguiente fase de su ministerio. No estoy obligado a devolver la llamada telefónica o el correo electrónico de todos, ni a reunirme con cada persona que quiera estar conmigo. No puedo satisfacer la agenda que todos tienen con mi vida. Solo estoy obligado a agradar al Señor y hacer lo que veo que mi Padre me ordena hacer.

Jesús actuó fuera de su círculo íntimo y les delegó el ministerio de ayuda, lo que lo liberó para enfocarse en predicar, enseñar, orar y cumplir su propósito.

Jesús tenía a sus tres, sus doce y sus setenta ministros para él y por él. Los relatos de los evangelios muestran que fueron sus discípulos los que compraron comida (Juan 4:8), lo cual lo dejó en libertad para ministrar a Samaria. Además, fueron sus discípulos los que organizaron e hicieron que las multitudes se sentaran para que él pudiera darles de comer (Juan 6:10). A Pedro y a Juan les dijeron que prepararan el Aposento Alto para que Jesús dirigiera la famosa Última Cena (Lucas 22:8-13). Jesús estaba dormido en una barca mientras sus discípulos lo llevaban a su próximo destino (Marcos 4:35-41).

En conclusión, si vamos a ser mentores eficientes que liberan el potencial de los demás, debemos tener vidas con propósito que nos den la capacidad para enfocarnos y prosperar, de modo que podamos liberar a otros para que alcancen su destino y su llamamiento.

Capítulo 13

Cómo entender la lucha

NTES DE QUE resucitara, Jesús fue a la cruz; experimentó un gran dolor antes de ser resucitado con poder. Sin embargo, en última instancia, su dolor fue para ganancia nuestra. Por tanto, para ser como Jesús (no para nuestra redención), también tenemos que aprender a permitir que el dolor nos moldee de modo que podamos andar en la humildad y la sabiduría de Cristo y convertirnos en sanadores heridos como lo fue él (Isaías 53:4-6).

En mis casi cuarenta años como líder cristiano, he notado que la mayor parte de mi crecimiento emocional y espiritual se ha producido en momentos de intenso dolor y desafíos para mi liderazgo. Si bien a la mayoría de nosotros nos encantaría crecer simplemente a partir de la acumulación de información, la verdad es que necesitamos experimentar la iluminación para que el conocimiento transforme nuestro ser interior. Es por eso que a menudo le digo a la gente: "No podemos crecer solo asistiendo a estudios bíblicos y orando; ¡debemos vivir esos estudios y aplicar esas oraciones a nuestras vidas para que podamos apreciar el crecimiento!".

No obstante hay una tendencia creciente, en el mundo académico, a combinar la práctica con el conocimiento, ya que los profesionales tienen más comprensión de sus temas que aquellos que solo ven datos todo el día en las computadoras. La investigación profesional produce el único tipo de datos en los que podemos confiar. Esto es similar a lo que ocurre con los generales y los ejércitos que solo pueden volverse hábiles y obtener verdaderas destrezas de batalla si participan en combates reales. Los médicos nunca aprenderán con solo tomar clases; deben practicar con personas de verdad para ser competentes. Usted nunca querría ser el primer paciente al que un médico opere para adiestrarse. Es por eso que los médicos nunca les dirán a sus pacientes qué tipo de experiencia real tienen hasta que posean un buen historial de práctica y vivencias con el paciente.

Por otro lado, con respecto al dolor, hay algo en el cerebro humano —específicamente, la sensación de dolor y placer— que conecta esas experiencias para hacer que elijamos ciertos patrones de comportamiento. Cuando era niño y toqué una estufa encendida, ¡aprendí, por medio de esa dolorosa experiencia, que nunca más volvería a tocarla cuando estuviera encendida! No importa cuántas veces mis padres me dijeron que no hiciera eso, tuve que aprender por las malas.

Como seguidor de Cristo he aprendido que cuando pongo el reino de Dios primero en mi vida, todas las cosas que necesito me son dadas en forma sobrenatural. Pero cuando antepongo mis deseos carnales, las cosas no salen bien y pago las consecuencias. Estas experiencias negativas tienen el propósito de ayudarme en mi crecimiento espiritual. A veces Dios permite que ocurran esas cosas en nuestras vidas aunque no hayamos hecho nada malo porque él sabe que es parte de la preparación para llevarnos al siguiente nivel. El corazón humano es engañosamente perverso y desesperadamente enfermo (Jeremías 17:9) a causa de nuestra naturaleza pecaminosa. Por desdicha, la única forma en que los humanos pecadores andaremos en el quebrantamiento y la humildad es aprendiendo a través del sufrimiento en nuestra carne (Daniel 11:35).

Rara vez he conocido a un ministro joven que no pensara que estaba listo para ser un gran líder por tener un título acreditado. Pero he conocido a bastantes ministros mayores y más sabios que han aprendido a renunciar al objetivo de alcanzar un gran estatus de celebridad ministerial porque han aprendido —a través del dolor— lo verdaderamente efímeras que son todas esas cosas que el mundo considera exitosas. Un caso bíblico en cuestión lo vemos en el rey David. Este fue ungido rey de Israel, como lo afirma 1 Samuel 16, pero en realidad no se le dio el título ni la función hasta después de una década, tras la muerte del rey Saúl. (En 2 Samuel 2, David fue ungido rey de Judá y, en el capítulo 5, fue ungido como monarca sobre todo Israel). David tenía los dones, las habilidades y la unción para ser rey a sus diecisiete años, pero no fue hasta haber sufrido dolor durante trece años —debido a la persecución de un rey egocéntrico impulsado por la carne— que estuvo emocionalmente listo para ascender al trono.

A menudo, los jóvenes se sienten frustrados porque creen que tienen la capacidad de ocupar determinada posición que alguien más tiene por encima de ellos. Pero esos jóvenes no entienden que debido a nuestra naturaleza pecaminosa, Dios tiene que usar la escuela del dolor para prepararnos y luego promovernos. No creo que Dios me haya ascendido alguna vez cuando pensé que estaba listo. Gracias a él que esperó hasta que supo que yo estaba listo para asumir más responsabilidades.

Dios amaba tanto a David que no quería que fuera un rey hasta que le quitaran toda apariencia de control carnal. Ha sido mi experiencia que antes de que Dios me promueva al siguiente nivel, ya estoy caminando en esa unción y autoridad superior aunque sin la posición y el título. Puede que primero tenga la unción, pero luego viene una serie de pruebas desafiantes destinadas a obligarme a vencer la carne para someterla, para que no explote de orgullo cuando llegue al siguiente nivel. La transición tiene que suceder internamente antes de que se manifieste externamente. Antes de que una mujer dé a luz, debe cargar a un hermoso bebé que vive dentro de ella durante nueve meses. No solo eso, sino que justo antes de que nazca el pequeño, ¡el mayor trauma para la madre ocurre cuando puja para que ese bebé abra sus ojos ante el mundo! Muchos creyentes renuncian mientras están en la mesa de parto; el dolor hace que se rindan antes de que lo que están dando a luz haya tenido la oportunidad de formarse por completo y salir adelante. Que Dios nos ayude a superar el dolor por completo hasta que llegue el ascenso.

Un día, estaba pensando que todos los líderes con mucha influencia —que conozco— parecen tener algo en común: todos han sufrido mucho en sus vidas. De hecho, cada uno de ellos tiene una cruz particular que cargar o han pasado por terribles temporadas de dolor y sufrimiento que fueron parte de un proceso divino que los convirtió —y continúa moldeándolos— en los líderes altamente eficientes que son hoy. Esos desafíos pueden ser problemas relacionales con su cónyuge, hijos, otros líderes, etc., o pueden ser conflictos personales relacionados con su bienestar espiritual, emocional o físico. Vemos esto ilustrado en el Libro de los Hechos cuando Dios le dice a Ananías que Pablo tenía que sufrir mucho por el nombre de Jesús. (Ver Hechos 9:16). Podemos leer el propio testimonio de Pablo acerca de sí mismo con respecto a la razón de su sufrimiento en 2 Corintios:

Me veo obligado a jactarme, aunque nada se gane con ello. Paso a referirme a las visiones y revelaciones del Señor. Conozco a un seguidor de Cristo que hace catorce años fue llevado al tercer cielo. No sé si en el cuerpo o fuera del cuerpo; Dios lo sabe. Y sé que este hombre —no sé si en el cuerpo o aparte del cuerpo, Dios lo sabe— fue llevado al paraíso y escuchó cosas indecibles que a los humanos no se nos permite expresar. De tal hombre podría presumir, pero de mí no haré alarde sino de mis debilidades. Sin embargo, no sería insensato si decidiera jactarme, porque estaría diciendo la verdad. Pero no lo hago, para que nadie suponga que soy más de lo que aparento o de lo que digo. Para evitar que me volviera presumido por estas sublimes revelaciones, una espina me fue clavada en el cuerpo, es decir, un mensajero de Satanás, para que me atormentara. Tres veces rogué al Señor que me la quitara; pero él me dijo: "Te basta con mi gracia, pues mi poder se perfecciona en la debilidad". Por lo tanto, gustosamente presumiré más bien de mis debilidades, para que permanezca sobre mí el poder de Cristo. Por eso me regocijo en debilidades, insultos, privaciones, persecuciones y dificultades que sufro por Cristo; porque, cuando soy débil, entonces soy fuerte.

—2 CORINTIOS 12:1-10

De acuerdo con este pasaje, podemos ver que el sufrimiento de Pablo se relacionaba con su capacidad para el liderazgo y su gran llamado, lo cual tenía que ser moderado a través de su sufrimiento y de la naturaleza humana pecaminosa que hace que tengamos cierta propensión a jactarnos de lo que logramos en la vida. Dios tiene que permitir que el dolor nos azote para mantenernos dependientes de él, puesto que todos nacemos en pecado con tendencias carnales tan naturales como jactarnos de nuestros propios logros y confiar en nuestros propios dones, habilidades y en carne mas no en su gracia.

Al considerar mi propia vida y las de otros que conozco personalmente, puedo ver que las mismas cosas que nos hacen exitosos se conectan con nuestra naturaleza pecaminosa, tan bien, que pueden llevarnos de vuelta a iguales pecados o muy parecidos. Por ejemplo, el caso mío es que la terquedad, la perseverancia y la tendencia a seguir adelante por causa de Cristo —a pesar de todos los obstáculos— se relacionan con la manera en que —en mi niñez— lidié con el rechazo, el aislamiento y el dolor para hacerme un nombre por mí mismo sobresaliendo en peleas callejeras, deportes y música, así como en otras áreas de la vida. Todo eso fue en un esfuerzo por forjarme un prestigio y una identidad para que mis compañeros me elogiaran, respetaran y celebraran. Aunque eso desarrolló en mí cualidades de perseverancia en medio del dolor y el sufrimiento, ¡fue para mi gloria y no para la gloria de Dios!

Por lo tanto, el desarrollo de las cualidades que utilizo hasta el día de hoy son parte de mi cartera de liderazgo. Mis dones y habilidades están directamente conectados con los hábitos y patrones que desarrollé a partir de mi naturaleza pecaminosa y mi deseo de forjarme un nombre por el bien de mi propia valía y mi autoestima. Esto me muestra que Dios incluso usó mis pecados para su gloria. En consecuencia, los dones y las habilidades que uso hoy como líder en el cuerpo de Cristo fueron originalmente inspirados, moldeados y desarrollados en el horno de fuego de la autosupervivencia en mi niñez. ¡Mis dones y mi llamado están inextricablemente conectados con la misma naturaleza pecaminosa por la que Jesús tuvo que morir! Es por eso que Dios tiene que permitir constantemente grandes desafíos, dolor y sufrimiento en mi vida como una forma de moderar mi tendencia a depender de mí mismo, honrarme y confiar en mí para obtener resultados.

Cuanto más grandes son los líderes, más tercos tienen que ser para resistir la tentación, mantenerse enfocados y tener éxito, aunque esta misma terquedad se haya desarrollado originalmente y emanado de su rebelión personal contra Dios antes de ser salvos. Por lo tanto, siempre hay una delgada línea entre nuestras grandes cualidades de liderazgo y nuestras tendencias pecaminosas a rebelarnos contra Dios y construir nuestros propios reinos. Esto también explica por qué los grandes líderes a menudo caen en escándalos, sobre todo si permiten que sus agitados horarios desplacen su continua necesidad de formación espiritual en la presencia de Dios.

Volviendo al apóstol Pablo, a medida que maduraba, en realidad se jactaba más de sus debilidades que de sus logros para que el poder de Cristo pudiera descansar sobre él. Qué lejos está eso de algunos de los predicadores de hoy que constantemente se jactan de cuánta victoria, poder y logros tienen en sus ministerios. En realidad, cuanto más espiritualmente inmaduros sean los líderes, más se jactarán de sus logros. Cuanto más maduros sean, más se jactarán de sus debilidades y glorificarán la gracia de Cristo que los fortalece. Comprender estos conceptos debería ayudarnos en dos aspectos. Primero, en vez de desalentar a los seguidores de Cristo, esto debería ser una gran fuente de aliento. Muchos creyentes sufren en silencio porque se sienten avergonzados y piensan que son los únicos que siempre enfrentan problemas dolorosos. Satanás usará esto para hacer que la persona renuncie por puro desánimo y la sensación de fracaso. Debemos animarnos y saber que no estamos solos en nuestro dolor. En la medida en que las personas tengan influencia, tendrán que soportar el proceso del dolor para que sus dones y habilidades puedan redimirse continuamente para la gloria y la honra de Dios.

La clave para descubrir y lidiar con los problemas pecaminosos dominantes en nuestras vidas es reflexionar con franqueza sobre nuestros talentos, dones y habilidades, y cómo hemos confiado en ellos para manipular a otros, controlar nuestro entorno para disfrutar de autonomía y forjarnos un nombre o un prestigio. Así pasó con Lucifer cuando intentó hacer lo suyo y su orgullo lo motivó a tratar de exaltarse por encima del trono de Dios para su propia autonomía y la glorificación propia (Isaías 14:12-14). Entender esto nos permite tener una mayor percepción y aprecio por las profundidades y riquezas del amor y la gracia de Dios, que usará las mismas habilidades que están conectadas con nuestra autoglorificación y preservación carnal a fin de modelarnos y formarnos para sus propósitos. Dios rodea el poder con problemas para que cuando tengamos potestad e influencia, estemos tan quebrantados, humildes y dependientes de él que no seamos tan rápidos para atribuirnos la gloria por los grandes logros que surgen de nuestros débiles esfuerzos y no dársela a él.

El creyente y la guerra espiritual

Hay algunos creyentes que creen falsamente que si tienen mucha fe, no pasarán por ningún sufrimiento, pruebas severas o ataques satánicos. ¡Nada más lejos de la verdad! En realidad, lo contrario es cierto. Por ejemplo, en el Libro de Job, capítulos 1 y 2, Dios le pregunta a Satanás qué pensaba acerca de su siervo Job. Por lo tanto, Dios llamó la atención de Satanás sobre Job, no porque este estuviera en pecado, sino porque era el principal siervo de Dios en la tierra en ese momento (Job 1:6-12; 2:3-6).

Hay otros ejemplos en las Escrituras. Hechos 19:15 ilustra que el apóstol Pablo era conocido no solo en el cielo sino también en el infierno. ¡Todos estaban pendientes de él! Es por eso que Pablo declara que le rogó al Señor que se llevara al mensajero de Satanás que lo perseguía (2 Corintios 12:1-8). Este mensajero no era una enfermedad sino acoso, como vemos al leer el contexto en 2 Corintios 11:17-34. La Primera Epístola de Pedro, 5:8-9, enseña que Satanás vaga por la tierra buscando a quien devorar, lo que también va junto con la narración de Job (Job 1:7). Cuando leemos el contexto de todos estos pasajes, especialmente con respecto al enfoque satánico tanto en Pablo como en Job, podemos llegar a la conclusión de que el objetivo principal del diablo es frustrar, desviar, distraer y desarmar a los siervos de Dios que promueven el gobierno de Dios en la tierra como lo es en el cielo. El cielo es el único reino en el universo donde todo está perfectamente alineado bajo el Rey Jesús porque el diablo fue desplazado del cielo (Apocalipsis 12:7-12). En consecuencia, cuando alguien quiere traer la influencia del reino de Dios a la tierra como impera en el cielo, ¡Satanás estalla de miedo e ira contra esa persona porque no quiere ser arrojado de otro lugar!

Es por eso que parece que la persona que sigue la voluntad de Dios a veces padece las pruebas, tribulaciones y resistencias más difíciles, a diferencia de algunos santos que son buscadores casuales de Dios. Satanás no es tonto. ¿Por qué debería atacar a un cristiano que es un mal ejemplo para los demás y que ya está engañado y en sus garras? ¡Él se enfocará más en aquellos que son las mayores amenazas a su deseo de tomar el poder de Dios sobre el reino de la tierra! Recuerde, Dios le dio a Adán una comisión para que gobernara toda la tierra (Génesis 1:28), e inmediatamente después vino el diablo y convenció tanto a Adán como a Eva de desobedecer a Dios y abandonar sus puestos como ayudantes de Dios en la tierra (Génesis 3:1-8).

Desde entonces, Satanás ha estado celosamente tratando de proteger su control sobre el reino terrenal que robó al subvertir a Adán, incluidos sus sistemas de gobierno, comercio, medios de comunicación, las artes, la ciencia y la educación. Aquellos que intentan llevar la influencia de Dios a esos reinos muy probablemente experimentarán algunos de los niveles más altos de resistencia satánica. El apóstol Pablo tuvo un mensajero de Satanás que lo seguía a todas partes y causaba disturbios y persecuciones (2 Corintios 12: 1-8), solo porque estaba trastornando el sistema mundial de ese tiempo (Hechos 17).

De modo que, si está entregado a Dios, no se desanime cuando le ataquen ni se deje engañar al pensar que la única razón por la que está en una intensa guerra espiritual o tribulación es porque es posible que se haya alejado de Dios. Puede ser lo contrario. ¡Está siendo atacado porque está en el blanco divino! Por eso Pablo exhortó a los creyentes a permanecer firmes en el Señor: "Fortalézcanse con el gran poder del Señor. Pónganse toda la armadura de Dios para que puedan hacer frente a las artimañas del diablo. Porque *nuestra lucha* no es contra seres humanos, sino contra poderes, contra autoridades, contra potestades que dominan este mundo de tinieblas, contra fuerzas espirituales malignas en las regiones celestiales. Por lo tanto, pónganse toda la armadura de Dios, para que cuando llegue el día malo puedan resistir hasta el fin con firmeza" (Efesios 6:10-13). Note que Pablo dijo "nuestra lucha", lo que significa que se estaba incluyendo a sí mismo en esta batalla. Cada vez que había una puerta abierta para el ministerio, tenía muchos adversarios. Este es un principio bíblico (1 Corintios 16:9).

Nunca piense que solo porque Dios le está llamando a hacer algo, va a ser fácil. Jesús hizo la voluntad de Dios y fue crucificado. La historia de la iglesia nos dice que Pablo fue decapitado. ¡Lo que importa no es cuántos años vivimos sino lo que hacemos con los años que vivimos! Entonces, ¿qué hacemos cuando estamos en un tiempo de guerra espiritual que Pablo llama "el día malo" en Efesios 6:13? Pablo nos dice en este pasaje que seamos fuertes en el Señor y que estemos firmes; en otras palabras, no se rinda (vv. 10-13). El apóstol Pedro también nos dice que resistamos al diablo, estando firmes en la fe (1 Pedro 5:9). Pedro sabe por experiencia que la fe en Dios es la clave para mantenerse firme en medio del día malo porque cuando negó a Cristo tres veces, Jesús oró por él para que su "fe" no fallara (Lucas 22:31-32). Por lo tanto, no tema cuando padezca tribulación porque ¡Jesús ya venció al mundo (Juan 16:33)!

Todos los seguidores de Cristo, especialmente aquellos que se esfuerzan por liberar el potencial de los demás, serán resistidos e incluso atacados por el enemigo de nuestras almas. Sin embargo, quiero reforzar la importancia de que los mentores cristianos tengan perseverancia y la actitud adecuada con el dolor y el sufrimiento, especialmente el tipo de dolor que es tanto emocional como psicológico.

El dolor lo prospera

El dolor es inevitable en este mundo. Insisto, el principal tipo de dolor al que me refiero es el emocional, el mental y el psicológico. Jesús nos aseguró que en el mundo sufriremos tribulación (Juan 16:33), lo que incluye tanto en lo físico como en lo emocional y este contexto. Hay muchas razones para el dolor. Parte del mismo es autoinfligido, parte es causada por tragedias inesperadas como accidentes, parte es debido al comportamiento de otras personas, por trauma mental y emocional, y además —como se registra en el Libro de Job—, a veces es por pruebas divinas. Deje usted de contar. Independientemente de la causa, todo dolor tiene un detalle en común: el potencial redentor para mejorar al individuo, a la familia o al equipo de líderes para que funcionen mejor como comunidad.

Nadie quiere el dolor y la mayoría de la gente intenta evitarlo o huir de él. A pesar de ello, es indispensable para que el propósito de Dios se cumpla en la tierra. También es indispensable para liberar el potencial en nuestras vidas. Muchos de los que intentan evitar el dolor tratan de medicarse con mucha actividad, la búsqueda de numerosas relaciones o el abuso de sustancias como las drogas y el alcohol. Yo también preferiría evitarlo, pero cuando siento un dolor intenso, eso me hace reflexionar en sus causas fundamentales, lo que me hace ser más consciente de mí mismo. Dado que el dolor es la experiencia común de todo ser humano, puede marcarnos con un agudo sentido de empatía por los demás seres humanos que sufren situaciones similares a las que hemos experimentado (2 Corintios 1:3-7). Una simple comprensión intelectual de la Biblia no puede lograr esto.

El dolor puede motivarnos a profundizar en nuestras relaciones clave y a sentir menos motivación para las superficiales. Puede hacer que busquemos al Señor como nunca antes para llegar a ser más como Cristo y soportar el sufrimiento con su poder y su fuerza (Filipenses 4:13). El dolor puede estimularnos a priorizar nuestro tiempo y nuestras energías para que nos concentremos más en cumplir nuestro propósito divino en la vida. Puede motivarnos a adentrarnos en el universo mental y emocional de los demás para experimentar una fusión de horizontes que potencie nuestras relaciones clave. El dolor nos motiva a hacer las cosas mejor la próxima vez para no volver a sentirlo igual. A través del dolor conocemos la paciencia, la obediencia, la perseverancia y la fidelidad de Dios en medio de nuestro sufrimiento. El dolor nos enseña humildad para que podamos ser agradecidos por las cosas más pequeñas de la vida y odiar la autopromoción. El dolor nos lleva a descubrir que quizás la principal bendición del mundo no son las posesiones, los títulos o la fama, sino la paz interior, el contentamiento y el gozo del Señor. A través del dolor podemos apreciar la guía del Señor, el carácter y la mente de Dios, y la mansedumbre y la ternura de Cristo (Salmos 32:8-9; 2 Corintios 10:1).

Al procesar el dolor en el poder del Espíritu Santo, aumentamos nuestra capacidad espiritual y emocional para procesarlo, lo que a su vez aumenta nuestra capacidad de liderazgo. El libro de Samuel Chand, *Leadership Pain,* muestra la forma en que el umbral de dolor de una persona determina su capacidad de influencia.[1]

El dolor le ayuda a percatarse de por qué vale la pena sufrir y a apreciar a las personas y las cosas que más valora en la vida. Usted no estará dispuesto a sufrir por las personas y entidades que no le apasionan, razón por la cual algunas de nuestras relaciones no duran mucho.

El dolor hace que nos concentremos en nuestro principal llamado en la vida, que es lo único que puede motivarnos a seguir adelante (Hebreos 12:1-2). Puede amargarnos o hacernos mejores, capacitarnos para apreciar lo bueno del conflicto o huir de él, hacer que culpemos a otros o crecer internamente, convertirnos en víctimas o ser victoriosos, vencedores o resentidos. Dios permitió que los hijos de Israel vivieran la guerra para probarlos y enseñarlos a enfrentarlas (Jueces 3:1-4). Apocalipsis 2-3 enseña a la iglesia que solo los vencedores heredarán las bendiciones de Dios. Vencer implica un gran desafío, aun con el dolor que lo acompañe.

Nuestras circunstancias en la vida nunca son las que nos destruyen; es nuestra respuesta a ellas lo que determina nuestra trayectoria. Dios espera que venzamos y continuemos en el propósito de su reino a pesar de la realidad inmanente de intenso dolor y tribulación. (Ver Apocalipsis 1:9). Jesús, el hombre más grande que jamás haya existido, fue descrito como el siervo sufriente en Isaías 53: "varón de dolores, experimentado en quebranto" (v. 3). Fue traicionado por alguien cercano a él (Judas) y abandonado por todos sus seguidores, abandonado cuando sufrió la cruz. ¡Observe que la cruz vino antes de la resurrección! Jesús aprendió la obediencia a través de lo que sufrió (Hebreos 5:8) y fue hecho Sumo Sacerdote fiel y grande, tanto que puede interceder por nosotros a causa de los sufrimientos y las pruebas que soportó (Hebreos 4:15-16). Así que, si está experimentando un gran dolor, ¡tiene una gran compañía! El Señor Jesucristo lo padeció antes que usted. Ya experimentó más dolor del que cualquiera de nosotros jamás experimentará, lo que significa que él sabe cómo sostenernos en sus poderosas manos. (Ver Isaías 41:10; 43:2, 4). Finalmente, el llamado más grande que cualquiera de nosotros jamás tendrá es el de ser conformado a la imagen de Jesucristo, lo que también implica compartir sus sufrimientos (Filipenses 3:10; Romanos 8:29-30). Que todos crezcamos a su imagen y tengamos la misma mente que tuvo Jesús, como afirma Filipenses 2:4-11.

El dolor para prosperar a otros

Cuando tratamos de liberar el potencial de los demás, tenemos que aprender de Jesús ya que una de las mejores oportunidades que tendremos para vincularnos con los demás y desarrollar su potencial es compartir con ellos nuestra propia travesía dolorosa. Si ellos piensan que nunca sufrimos, entonces aquellos a los que asesore no podrán relacionarse con usted. Al examinar los evangelios, vemos que Jesús expuso a sus discípulos al conflicto y compartió su dolor. Eso se ilustra en las narraciones relacionadas con la Última Cena y la experiencia de Jesús en el huerto de Getsemaní, así como en la pasión que lo condujo a la cruz. Él les dijo a sus discípulos que si permanecían con él durante sus pruebas, después les conferiría un reino (Lucas 22:28-30). Por lo tanto, parte de lo que desató el desarrollo del potencial de sus discípulos fue hacerlos conscientes de la realidad de que el dolor era necesario para propagar el reino de Dios. Incluso el propio Pablo dijo que debemos pasar por muchas tribulaciones para entrar en el reino de Dios (Hechos 14:22). Como alguien que ha discipulado personas durante casi cuatro décadas, les diré que uno de los momentos más poderosos que tengo con mis hombres es cuando comparto mi dolor con ellos. Ya sea personal o dolor ministerial, eso sigue siendo eficaz.

Mi disposición a ser vulnerable revela un nivel de confianza con mis hombres que crea un vínculo poderoso que no se puede romper fácilmente. También me permite entrenarlos y equiparlos a medida que ven cómo respondo a mis propias experiencias dolorosas, lo que les permite comprender mi humanidad como persona para que no me pongan en un pedestal en sus propios corazones y mentes. Aunque el enemigo intenta usar el dolor para destruirme, Dios lo usa para su gloria y para desatar la fe, la esperanza y el potencial en otras personas y así hacer avanzar su reino para su gloria.

Capítulo 14

Entienda el futuro

A LGUNAS DE LAS cosas que atrajeron a los seguidores de Jesús fueron el hecho de que entendió los tiempos en los que vivía, se enfrentó a la falsedad y dio una guía clara sobre el camino a seguir. En otras palabras, Jesús tenía presciencia, no solo presencia. Entendió lo nuevo que Dios estaba anunciando y, al mismo tiempo, sabía que había odres viejos que tenían que ser abandonados. Comprendió y honró a Juan el Bautista. Sin embargo, también entendió que Juan representaba la ley y los profetas, no el nuevo pacto que estaba anunciando (Mateo 11:7-14). Jesús honró el pasado pero, al mismo tiempo, no se quedó atascado en él y, por lo tanto, limitó el futuro. Las Escrituras ilustran cómo entendió el futuro.

- Jesús sabía que iba a ser crucificado, por lo que preparó a sus discípulos para ese evento traumático (Marcos 8:31-34).
- Jesús predijo que resucitaría (Marcos 8:31).
- Jesús sabía que moriría en Jerusalén (Lucas 13:33).
- Jesús sabía de antemano que Satanás iba a tentar a Pedro (Lucas 22:31-34).
- Jesús sabía quién lo iba a traicionar (Juan 13:21-26).
- Jesús sabía que el Espíritu Santo tomaría su lugar después de su ascensión y daría poder a sus discípulos (Juan 14-16).

- Sus discípulos creían que él sabía todas las cosas que estaban por suceder (Juan 16:30).
- Jesús sabía cómo iba a morir Pedro, el líder emergente del movimiento (Juan 21:18-19).

En general, Jesús mantuvo a sus discípulos al tanto de lo que estaba por suceder para que creyeran en él (Juan 14:29). Por supuesto, nadie espera que un mentor sepa todo lo que está a punto de suceder como lo hizo Jesús, pero todos los líderes efectivos tienen una sensación general de hacia dónde se dirige Dios, las tendencias actuales y lo que él quiere lograr en el futuro.

Además, Jesús les prometió a sus seguidores que una de las funciones del Espíritu Santo sería mostrarles las cosas por venir (Juan 16:13). Por lo tanto, debemos esperar que el Señor nos revele cosas permanentes para que podamos estar a la vanguardia y preparar a su pueblo para lo que ha de venir. La Escritura nos enseña que el prudente prevé el mal y se esconde, pero el necio sigue adelante y sufre las consecuencias (Proverbios 22:3). De forma que Dios espera que todos sus seguidores tengan una especie de presciencia. De lo contrario, ¿cómo podemos caminar con sabiduría y planificar con anticipación?

Cuando se trata de empoderar y liberar el potencial de los demás, también debemos funcionar como los hijos de Isacar, que eran hombres que comprendían los tiempos (la cultura y los acontecimientos de su época) y sabían qué hacer al respecto (1 Crónicas 12:32). Cuanta más capacidad de liderazgo vea en alguien a quien está asesorando, mayor responsabilidad tendrá de comprender los tiempos en los que vivimos, no solo los cronológicos, sino también los momentos *kairos*, o los tiempos y estaciones divinos que Dios está orquestando sobre la tierra, para que pueda verterlo en aquellos llamados a influir en sus comunidades y más allá. Si no entendemos las tendencias geopolíticas, económicas y culturales actuales, ¿cómo podemos verternos en líderes de alta capacidad y ayudarlos a liberar su potencial? Sin embargo, aun cuando estemos asesorando a alguien para que sea un buen padre, una buena madre o un buen trabajador (y no un *influencer* de alta capacidad), somos responsables de ayudar a preparar a esa persona para lo que está sucediendo en la sociedad, así como enseñarla a discernir la voluntad de Dios para su propio futuro. En la medida en que nos preparemos y articulemos el futuro, aquellos a quienes asesoramos e influimos confiarán en nuestro juicio y nuestro conocimiento práctico acerca de la obra de Dios hoy.

Durante los años que he invertido en los hombres, he podido escuchar a Dios por muchos de ellos y advertirles de las trampas en las que estaban a punto de caer o incluso decirles lo que estaba pasando en sus vidas, aunque nunca le dijeron nada a nadie. Eso me concedió una influencia extraordinaria con ellos porque sabían que me interesaban lo suficiente como para ir a la sala del trono y que Dios me hablara por ellos y sus familias. Por supuesto, las personas no siempre escuchan a sus mentores. He advertido a la gente en el espíritu acerca de los movimientos geográficos (aunque no sabía nada al respecto de forma natural), las relaciones en las que se estaban involucrando y las empresas comerciales que estaban persiguiendo. En la mayoría de los casos, cuando alguien ya ha tomado una decisión, no escuchará a su mentor aunque sepa que Dios le habló a través de esa persona. En la mayoría de esos casos (si no en todos), la falta de atención a la palabra de advertencia del Señor resulta en un desastre.

Por eso cuido de no enseñorearme con la vida de nadie y rara vez extiendo palabras proféticas en cuanto a la dirección de la vida de alguna persona. Sin embargo, a veces Dios deja caer algo en mi espíritu por una persona, y le entrego la palabra, ya sea buena o no muy buena. En la mayoría de los casos, la persona me respeta por darle la palabra, aunque en definitiva no se alinee con ella. A menudo, cuando alguien no quiere escuchar una palabra fuerte, solo oro por ese individuo y le pido a Dios que se ocupe de su corazón, confiando en que se recuperará antes de que se produzca un daño permanente.

El punto de todo esto es el hecho de que cuando Dios nos encomienda guiar a otros y desatar el potencial de ellos, parte de nuestra responsabilidad es ser sensibles al corazón y la mente de Dios en cuanto a esas personas. Así es como Jesús actuó con sus discípulos. El conocimiento previo que tenía de que Satanás deseaba zarandear a Pedro como el trigo, puso a Jesús delante de la curva, permitiéndole orar por Pedro. Las oraciones de Jesús restauraron a Pedro a la fe en él. Como resultado, Pedro se convirtió en el primer vocero y líder de la iglesia primitiva (Lucas 22:31-34). Cuando somos responsables de nutrir y equipar a las personas, Dios nos hará responsables de escuchar de él por ellos para que sepamos cómo, cuándo y dónde ubicarlos, así como advertirles de lo que vendrá para que puedan prepararse y escapar de las asechanzas que el enemigo les tienda.

Capítulo 15

Comprenda la autoridad espiritual

UNA DE LAS cosas más sorprendentes que la gente descubre cuando lee acerca de la vida de Cristo, tal como se encuentra en los evangelios, es la forma en que Jesús sometió cada palabra, pensamiento y acción a su Padre. Esto es aun más sorprendente dado el hecho de que el propio Jesús es parte de la Deidad y, como tal, es extraordinariamente dotado, inteligente y poderoso; por lo tanto, él no parece ser la persona típica que necesite supervisión. Sin embargo, incluso un rápido vistazo a los evangelios muestra cuán completamente dependía del Padre y cuán obediente le era. Las palabras de Jesús en el Evangelio de Juan ilustran esto:

> "El que cree en mí —clamó Jesús con voz fuerte—, cree no solo en mí, sino en el que me envió ... Y el que me ve a mí ve al que me envió ... Yo no he hablado por mi propia cuenta; el Padre que me envió me ordenó qué decir y cómo decirlo. Y sé muy bien que su mandato es vida eterna. Así que todo lo que digo es lo que el Padre me ha ordenado decir".
>
> —JUAN 12:44-45, 49-50

En Filipenses 2:1-12, el apóstol Pablo usó la vida de sumisión ejemplificada por Jesús como un modelo a seguir para los creyentes en todas partes, cuando exhortó a la iglesia a que "Haya, pues, en vosotros este sentir que hubo también en Cristo Jesús" (v. 5 RVR1960). En consecuencia, si vamos a ser como Jesús y empoderar a otros, también debemos someternos a aquellos que tienen autoridad espiritual sobre nosotros. Si no podemos someternos a la autoridad espiritual, ¿cómo podemos esperar que aquellos a quienes estamos asesorando se sometan a nuestro liderazgo? Necesitamos tener una comprensión más bíblica de este tema antes de que podamos entender la necesidad de ello en nuestras propias vidas. Esto es especialmente importante en esta época en que tantos creyentes jóvenes rechazan todo vestigio de autoridad institucional, tanto espiritual como política, a causa de los abusos del pasado, así como a la naturaleza rebelde de nuestro ambiente cultural actual.

La necesidad de la autoridad espiritual

La autoridad espiritual se estableció desde el principio de la historia humana, cuando Dios les dijo a Adán y a Eva que cuidaran el planeta (Génesis 1:26-28). El hecho de que Adán representó a toda la raza humana está claro en Romanos 5:12, que dice que cuando él pecó, todos pecaron; por eso somos —por naturaleza— objetos de la ira de Dios, como vemos en Efesios 2:1-3. A esto se le llama "liderazgo federal" y puede entenderse en la sociedad contemporánea cuando todas las personas de una nación se ven afectadas para bien o para mal por las decisiones de su líder. Por ejemplo, una nación puede ir a la guerra contra otra por causa de sus dirigentes. Por lo tanto, los jóvenes que no tienen nada que ver con esas decisiones pueden morir en el campo de batalla debido a que sus líderes decidieron ir a la guerra.

Por otra parte, Jesús habló de la autoridad delegada cuando dijo: "Quien los recibe a ustedes me recibe a mí y quien me recibe a mí recibe al que me envió" (Mateo 10:40). Por lo tanto, Jesús impartió no solo su poder sino también su autoridad delegada a sus líderes para que su reino pudiera alinearse en forma adecuada. Es por eso que les dio el poder de atar y desatar cosas en la tierra (Mateo 16:19). En lenguaje sencillo, cuando una persona es incapaz de someterse a la autoridad espiritual, no puede sujetarse al liderazgo de Jesús. La iglesia, en verdad, es la comunidad visible del Dios trino invisible. La Biblia deja muy claro que en la iglesia hay líderes. Pablo indica que los apóstoles y los profetas son el fundamento de la iglesia (Efesios 2:20). Efesios 4:13 implica que todavía necesitamos apóstoles y profetas así como todos los dones del ministerio quíntuple para madurar.

Efesios 4:7-12 enseña que la gracia de Dios a fin de ser equipado para su propósito en Cristo no le viene directamente del cielo a usted, sino a través del ministerio quíntuple. Si no está sentado bajo los cinco dones, no madurará, aun cuando sea salvo. Esto ilustra cuán importantes son sus líderes espirituales y la iglesia a la que asiste. La medida de gracia que usted recibe se basa en la medida de gracia que el líder le imparte.

Otros líderes de la iglesia son los ancianos y los diáconos. Los primeros ayudan a pastorear, llevan la carga de la iglesia y toman decisiones con el pastor principal. Juntos forman un equipo de ancianos (Números 11:16-17). Los segundos son siervos reconocidos, como vemos en Hechos 6:1-7, cuyo enfoque se dirige más a satisfacer las necesidades materiales de la familia de la iglesia. La Biblia aclara muy bien que debemos rendir cuentas a los líderes espirituales para poder crecer. El quinto mandamiento nos enseña a honrar a nuestros padres y nuestras madres, lo que implica tanto a los padres espirituales como a los biológicos que Dios le ha concedido (Deuteronomio 5:16). Hebreos 13:17 también nos enseña a someternos a nuestros líderes espirituales. La Biblia habla claramente sobre la importancia de recibir instrucciones de los líderes, no solo de Dios (Proverbios 10:8, 17; 29:1).

Incluso el apóstol Pablo sometió su ministerio y lo que predicaba a los principales apóstoles en Jerusalén, como vemos en Gálatas 2:1-2. Además, es importante acudir a creyentes mayores y maduros para resolver conflictos, como observamos en Mateo 18:15-18. Los jóvenes necesitan el aporte de los creyentes mayores y experimentados para lidiar con ciertos problemas relacionales y desafíos en la vida, por lo que esto nos indica que se lo digamos a los ancianos. No debemos chismear, calumniar ni exponer a nuestros líderes, como se demuestra en Génesis 9:20-27, cuando uno de los hijos de Noé fue maldecido por descubrir la desnudez de su padre en vez de cubrirlo y protegerlo. Dios hizo responsable a ese hijo, a pesar de que Noé erró al emborracharse y acostarse desnudo en su habitación.

Somos llamados no solo a andar individualmente con Dios, sino también a caminar en comunidad con su pueblo, que está dirigido por los líderes espirituales que él asigna. Si no podemos sujetarnos a ellos, eso muestra que tenemos problemas para someternos a Dios. En un sentido práctico, he descubierto que cada persona necesita al menos tres áreas funcionales de cobertura o supervisión para estar completo.

La necesidad de cobertura personal

Algo que muchos creyentes, incluidos los líderes, tienen en común es la falta de una cobertura personal funcional para sus vidas y sus ministerios. Al hablar de "cobertura personal" me refiero a tener un mentor o guía espiritual individual que sirva como supervisor y que también tenga la autoridad para destituirlo o abogar por usted en un momento de falla moral o crisis. Por lo general, no uso el término *cubrir*, sino *supervisar* o *vigilar* porque son los vocablos más bíblicos. Pero por el bien del lenguaje común con mi audiencia, empleo el término *cubrir* en este capítulo.

Muchos líderes, incluido yo, tienen una persona principal que sirve como cobertura, que también es parte de un grupo de líderes que sirven como su presbiterio. Es la persona que responsabiliza al líder y puede actuar como mediador en caso de que se cuestione su posición como dirigente principal, o si surge alguna necesidad de mediación entre ellos y su junta directiva o con el equipo de liderazgo. Este tipo de cobertura personal tiene que ser relacional. Esto significa que solo funcionará si la persona mantiene un diálogo habitual con su supervisor y es sincera con respecto a sus desafíos personales. Un ministro importante que cayó en un escándalo, hace un par de años, en realidad tenía muchas relaciones cercanas e incluso oraba todas las mañanas con un buen amigo mío. El problema fue que nunca se sinceró por completo con respecto a su lado oscuro y sus inclinaciones sexuales. Por lo tanto, tener una relación personal cercana con su supervisor nunca es suficiente si no es franco y transparente con él. Es por eso que estoy usando el modificador *funcional* con "cobertura personal".

Cuando una persona no tiene una relación sincera, franca y transparente con alguien que sirve como cobertura principal, puede ser un desastre que está por suceder. Todos los creyentes, incluidos los líderes, pasan por tiempos difíciles y necesitan una persona que pueda corregirlos, alentarlos, reprenderlos o exhortarlos a continuar buscando el llamado de Dios en sus vidas. Incluso si un pastor principal nunca cae en pecado, puede ser acusado de un acto pecaminoso, y la iglesia u organización puede requerir de un supervisor externo o un presbiterio en el que pueda confiar para investigar o mediar entre ambas partes, para ayudar a discernir lo que es verdadero de lo que es falso y qué pasos estratégicos deben darse por el bien de la organización.

¡Ay de la persona que no tiene en quien confiar, pedir consejo, apartarlo o abogar en un momento de crisis! En ese contexto, casi puede ver la cobertura como un seguro contra incendios: nunca sabe si alguna vez la necesitará, pero cuando surge una situación grave que puede amenazar su posición en la iglesia u organización, estará agradecido por haber tenido el conocimiento previo para adquirirla.

La apremiante necesidad de cobertura de los pastores principales es una de las razones primarias por las que comencé la Coalición del Pacto de Cristo en 1999.[1] Podemos proporcionar presbiterios personales para pastores principales en crisis, así como una invaluable tutoría tanto cobertura vertical como horizontal.

La necesidad de cobertura organizacional

Relacionado con esto, creo que cada persona necesita tener una cobertura organizacional, la cual es proporcionada —casi siempre— por los ancianos o fideicomisarios de una organización. En este sentido, siempre que se tome una decisión importante relacionada con la visión o las finanzas, cada líder principal debe procesarla primero con líderes de mucha confianza. Conozco a muchos líderes que no hicieron eso y cometieron importantes errores estratégicos o financieros que en algunos casos les costaron sus ministerios, todo porque no permitieron que su junta directiva participara en las decisiones importantes que se estaban tomando. Varios pastores principales que conozco se arriesgaron a comprar edificaciones porque "el Señor les dijo", decidiendo por su cuenta, sin consultar a sus ancianos o fideicomisarios. Por desdicha, en la mayoría de los casos como este, los líderes cometieron grandes errores e incluso se arriesgaron a perder todos sus ministerios al hundir su trabajo en una gran deuda porque no recibieron el consejo de su equipo de líderes de confianza. Aunque creo en un líder principal que actúa como el primero entre iguales y que puede tener la última palabra en asuntos importantes, también creo en liderar desde el consenso con su equipo principal tanto como sea posible, de modo que se proteja a la organización y al líder de cometer errores que ocurren cuando se funciona de forma aislada, sin la cooperación de sus líderes principales. Además, cuando se trata de comprar un edificio en el que se convocará a toda la congregación para financiar la visión, creo que también sería prudente que el pastor principal celebrara una reunión congregacional y recibiera la bendición de toda la iglesia antes de seguir adelante con un programa de construcción a gran escala.

Necesidad de la cobertura de oración

Otro tipo de cobertura que es esencial para cada persona es la de la oración. Tengo un equipo de personas en nuestra iglesia que están comprometidas a orar diariamente por mi esposa, mi familia y por mí. Esto ha sido esencial en las últimas dos décadas con respecto a nuestra capacidad de perseverar en medio de los desafíos de la vida. Bíblicamente también encontramos que una de las partes principales de la armadura de Dios es tener a los santos perseverando en la oración unos por otros, así como Pablo solicitó oraciones de los santos para su ministerio (Efesios 6:18-20).

Hace poco, el Señor me habló sobre la necesidad de aumentar mi apoyo en oración debido a una nueva esfera de influencia y ministerio en la que estoy entrando. Con cada nuevo nivel viene con un demonio superior. Por lo tanto, necesitamos orar y tener una intercesión acorde con el llamado de Dios a nuestras vidas. Aunque por lo general paso mucho tiempo solo buscando a Dios todas las mañanas, sé que necesito ayuda externa, lo que incluye la ayuda de aquellos que funcionan a un nivel muy alto en la intercesión a escala nacional, para protegerme a mí y a mi familia, y permitirme presionar en cada área de oportunidad que Dios abre para mí y mi equipo.

Por ejemplo, recuerdo haber leído la autobiografía del evangelista del siglo pasado, Charles Finney, y me impresionó que tuviera intercesores personales (como el Padre Nash y Abel Carly) que iban delante de él a cada pueblo y se encerraban en una habitación durante días, intercediendo y gimiendo en el Espíritu con palabras que no se pueden pronunciar en un discurso articulado, dando a luz con dolores de parto por un avivamiento. Esto se hizo a pesar de que el propio Finney solía pasar horas todos los días buscando a Dios e intercediendo por su ministerio. ¡Este hecho poco conocido es una de las principales razones por las que Finney se convirtió en el más grande avivador que los Estados Unidos y quizás el mundo haya visto jamás!

Propongo que eso se haga realidad para cada creyente, necesitamos tener al menos tres niveles de cobertura: supervisión personal, control organizacional y una cobertura de oración que trascienda nuestra propia vida de oración. Si los líderes funcionan con este nivel de responsabilidad, sus posibilidades de fallar o caer se verán muy reducidas.

Se necesitan tres niveles relacionales de autoridad

En esta línea de sumisión y supervisión, también creo que cada persona necesita tener tres niveles de autoridad espiritual operando en su vida, al igual que una familia biológica. Después de todo, el cuerpo de Cristo es una familia de familias bajo Cristo.

Todo el mundo necesita un padre espiritual.

Al igual que con la familia biológica, todos necesitan tener una persona que funcione como padre espiritual en su vida para estar saludables. Si no hay nadie que pueda responsabilizarlo, hablarle francamente e incluso sacarlo de un ministerio, entonces ya está pisando aguas peligrosas.

Todos necesitamos hermanos y hermanas en quienes se pueda confiar.

Similar a una familia biológica, es saludable para todas las personas tener compañeros o hermanos y hermanas como amigos y confidentes en los que pueda confiar y comunicarle cosas. Tener padres espirituales sin hermanos y hermanas puede ser muy solitario, no saludable. Tener hermanos y hermanas sin un supervisor espiritual tampoco lo es.

Todo el mundo necesita hijos e hijas en los cuales invertir.

Por último, todos deben tener al menos una persona a la que estén asesorando y en la que inviertan, ya sea que la persona se considere un niño espiritual o no.

Cuando tenemos estos tres niveles operando al mismo tiempo, tenemos equilibrio y estamos saludables en los espiritual, lo emocional y lo material.

Para concluir este capítulo, si tiene un mentor sin un supervisor personal, tiene derecho a preguntarle por qué carece de ello. Si es porque no quiere someterse personalmente a nadie, en mi opinión este no es el tipo de persona que debería tener como mentor. Además, si intenta asesorar a una persona que no desea una verdadera responsabilidad y supervisión, está perdiendo el tiempo porque no se puede liberar el potencial y tener éxito a largo plazo sin que se aproveche mediante las estructuras de responsabilidad establecidas.

Capítulo 16

El poder de la oración

A L EXAMINAR LOS evangelios, veo fascinante que en ninguna parte encontremos un registro de alguno de los discípulos de Jesús preguntándole cómo predicar, sanar o expulsar demonios. Sin embargo, los vemos pidiéndole que los enseñe a orar (Lucas 11:1). Creo que la razón de eso es simple: ellos se dieron cuenta de que el secreto de su poder eran todas las horas que pasaba solo orando y estando en comunión con su Padre. Por lo general, se encontraba con Dios antes de toparse con los hombres, levantándose a orar antes de que amaneciera (Marcos 1:35-36). Por lo tanto, estaba continuamente lleno del Espíritu y de la mente de su Padre para poder hacer las obras de este.

Isaías profetizó acerca del Mesías:

> Mi Señor y Dios me ha concedido tener una lengua instruida,
> para sostener con mi palabra al fatigado.
> Todas las mañanas me despierta,
> y también me despierta el oído,
> para que escuche como los discípulos.
> El Señor y Dios me ha abierto los oídos
> y no he sido rebelde
> ni me he vuelto atrás.
>
> —ISAÍAS 50:4-5

Jesús pudo desatar el potencial en los demás porque siempre estaba lleno del Espíritu Santo y siempre caminaba en el nivel más alto de su propio potencial y su poder. En consecuencia, si vamos a ayudar a liberar el potencial de los demás, debemos estar siempre llenos del Espíritu Santo (Efesios 5:18) y tener una vida de oración robusta buscando a Dios constantemente. Si no alcanzamos nuestro máximo rendimiento, ¿cómo podemos esperar capacitar a otros para que sigan su propósito divino?

Jesús no solo oró para entender el poder y la voluntad del Padre, también llevó una vida de oración por sus discípulos. Hasta el día de hoy, como nuestro Sumo Sacerdote, ora continuamente por todos los creyentes. Como dice el autor de Hebreos: "[Él] vive siempre para interceder por [nosotros]" (7:25). No solo eso, sino que fue orando toda la noche que Jesús supo a quién elegir como sus discípulos (Marcos 3:13-15). Fue el tener una vida de oración por sus discípulos lo que le permitió adquirir la sabiduría para ministrarlos y sostenerlos. En un capítulo anterior aludimos al hecho de que Jesús pudo orar proféticamente por Pedro puesto que sabía, en el espíritu, que Satanás estaba a punto de tentarlo para que dejara de seguir a Cristo (Lucas 22:31). Se dio cuenta de que al orar continuamente por sus discípulos, podía discernir no solo la voluntad de Dios sino también los planes del maligno para frustrarlo.

Además, al mantener a sus discípulos cerca cuando oraba, Jesús pudo enseñarles cómo orar y sobrevivir durante los momentos más difíciles de sus vidas. El hecho de que impresionó a sus discípulos con el ejemplo de su vida de oración se ve claramente como una de las descripciones más profundas que escribió el autor de la Carta a los Hebreos cuando dijo acerca de Jesús: "En los días de su vida mortal, Jesús ofreció oraciones y súplicas con fuerte clamor y lágrimas al que podía salvarlo de la muerte y fue escuchado por su temor reverente" (Hebreos 5:7). Esto probablemente se remonte a su intensa oración en el huerto de Getsemaní, cuando Lucas dice acerca de él: "Pero como estaba angustiado, se puso a orar con más fervor y su sudor era como gotas de sangre que caían a tierra" (Lucas 22:44). Allí enseñó a sus discípulos a velar y orar para no caer en tentación, porque el espíritu está dispuesto, pero la carne es débil (Mateo 26:41).

He descubierto que la mejor manera de enseñar a una persona a orar es que ella ore con uno o que asista a poderosas reuniones de oración. ¡Verdaderamente la oración se capta más que enseñarse! Podemos ver que el ejemplo de la vida de oración de Jesús se grabó en la de los apóstoles por la forma en que condujeron a la iglesia primitiva. De la misma manera, Jesús pasó tiempo orando durante las severas pruebas de su vida; los apóstoles también oraron hasta que la casa en la que se reunían se estremeció después de haber sido amenazados (Hechos 4:24-31).

Además, incluso antes de que naciera la iglesia, los discípulos pasaron diez días completos orando, esperando en Dios y examinando las Escrituras en el Aposento Alto, lo que dio como resultado que el Espíritu Santo cayera sobre la nueva iglesia el día de Pentecostés (Hechos 1—2). Los numerosos casos difundidos a lo largo de la narración de Hechos, que conectan la oración colectiva e individual con la propagación milagrosa del evangelio, son tan profundos que casi podemos llamarlo "el libro de la oración" en lugar del Libro de los Hechos. Por ejemplo, una de las primeras descripciones de la iglesia primitiva fue que "se dedicaban a la enseñanza de los apóstoles y a la comunión, al partimiento del pan y a la oración" (Hechos 2:42).

Fue cuando Pedro y Juan iban al templo, durante la hora de oración, que se encontraron en la puerta con el hombre cojo que posteriormente fue sanado, lo que operó como catalizador para que muchos miles oyeran la palabra y fueran salvos (Hechos 3—4). Fue la insistencia del apóstol Pedro en que los apóstoles se dedicaran a la oración y al ministerio de la Palabra, lo que resultó en una mayor delegación del ministerio y el nacimiento del oficio de diácono, lo que resultó en la multiplicación de la Palabra del Señor y el número del aumento de discípulos (Hechos 6:1-7). Fue la oración de Cornelio, junto con el hábito de oración de Pedro, lo que les permitió a ambos recibir una palabra del Señor que extendió el evangelio a los creyentes no judíos (Hechos 10—11). Fue cuando los líderes de la iglesia en Antioquía ministraron al Señor y ayunaron que el Espíritu les habló para enviar a Bernabé y a Saulo a las misiones apostólicas, lo que se convirtió en el comienzo del gran movimiento de plantación de iglesias que difundió el cristianismo en Europa y cambió el mundo (Hechos 13:1-2).

Cuando Pablo y Silas fueron a un lugar de oración, conocieron a una mujer llamada Lidia y la ganaron para el Señor, lo que abrió la puerta para que la iglesia comenzara en Europa occidental. También fue cuando Pablo y Silas fueron arrestados; adoraron y oraron, que el Señor envió un terremoto que abrió las puertas de la prisión, dando como resultado que el carcelero y toda su familia vinieran a Cristo. (Ver Hechos 16).

Esta es solo una instantánea de cómo la iglesia primitiva integró el poder de la oración a su vida diaria, tanto individual como corporativamente y como iglesia. Después de leer estos relatos, junto con la devoción de Jesús a la oración, pensar que podemos desatar el potencial en los demás sin incorporar la oración es ridículo. Dar a la gente estudios bíblicos y hacer que vayan a la iglesia los domingos no es suficiente. ¡Tenemos que orar por ellos! Al orar por aquellos a quienes asesoramos, nos conectamos con su destino y podemos ayudarlos a discernir la voluntad de Dios y su llamado. Al orar por ellos, podemos discernir problemas potenciales en sus vidas, así como ataques espirituales inminentes. Pablo amonesta a la iglesia: "Oren en el Espíritu en todo momento, con peticiones y ruegos. Manténganse alertas y perseveren en oración por todos los creyente" (Efesios 6:18). Orar por los demás le conecta al espíritu de ellos, en vez de solo ver sus acciones. Por lo tanto, sin oración no podremos discernir los verdaderos motivos y la condición espiritual de aquellos a quienes asesoramos. Cada vez que me preocupo por una persona a la que estoy orientando, o cuando estoy a punto de tener una conversación seria con ella, primero busco al Señor para entender la situación y la persona, y él siempre me da la perspectiva adecuada. A menudo, Dios también me da una perspectiva profética para extenderla a esa persona, lo que descubre conceptos erróneos, mentiras demoníacas y engaños, así como planes presuntuosos que está haciendo y que pueden descarrilarlo a él y su destino. A menudo escribo las cosas que el Señor me muestra antes de reunirme con la persona a quien aconsejo, especialmente si me preocupa. La mayoría de las veces lo que anoto es exactamente lo que esa persona está pensando con respecto a una situación o decisión importante en su vida. Cuando le muestro lo que el Señor me revela, a menudo se sorprende y se aleja de lo que le induce a cometer el error. Como mencioné en un capítulo anterior, a veces las personas rechazan la Palabra del Señor y hacen lo que quieren de todos modos, lo que resulta en grandes errores en sus vidas.

Por supuesto, estamos llamados a orar por nuestra familia y nuestros seres queridos, no solo por aquellos a quienes estamos asesorando. En mi libro *Travail to Prevail* cuento numerosas historias de la manera en que estaba orando por uno de mis hijos y Dios me dio algunas advertencias proféticas sobre ciertas situaciones peligrosas que estaban por ocurrir; por lo que pude frustrarlas, en el espíritu, antes de que se manifestaran. ¡Sabía que era una verdadera advertencia de Dios porque las situaciones se desarrollaron tal como dije que lo harían, pero con buenos resultados en vez de malos! En consecuencia, con el enfoque que mi esposa, Joyce, y yo tenemos en la oración, mis hijos también han cultivado una fuerte vida de oración como resultado. Siempre oramos con la familia habitualmente como parte de nuestra rutina pero, además de eso, nuestros hijos ven y escuchan cómo oramos Joyce y yo hasta obtener la victoria en cada crisis.

¡También han sido testigos de curaciones milagrosas y respuestas a oraciones a lo largo de los años que han sostenido a nuestra familia! Recientemente, a uno de mis hijos y su esposa les dijeron que uno de sus mellizos no estaba recibiendo suficiente sangre puesto que la placenta no funcionaba. Querían dar a luz a los gemelos a las veintisiete semanas, lo que podría ser potencialmente peligroso para su supervivencia y su salud. Mi esposa, mi hijo mayor y yo comenzamos a atender docenas de llamadas de oración durante las próximas seis semanas, y cada vez que los médicos revisaban a los bebés, les llegaba una gran cantidad de sangre. Por la gracia y la gloria de Dios, los mellizos no fueron sacados de la matriz hasta que tuvieron casi treinta y tres semanas. Cuando los sacaron, ¡encontraron que no había ni una gota de sangre en las placentas! ¡Dios sostuvo milagrosamente a estos bebés en el útero hasta el momento adecuado para que nacieran!

Nuestros hijos han estado expuestos a esta y muchas otras historias similares, tanto en la iglesia como en nuestra familia, desde que nacieron; lo que les ha permitido comprender la importancia de tener una vida de oración y fe. El resultado es que cuando tengan sus propias familias (como ya las tienen mis dos hijos), también pasarán este estilo de vida de oración y fe a los hijos de sus hijos, y el ciclo de oración y fe continuará por generaciones.

Recuerdo un ejemplo destacado de la huella que la oración ha tenido en mis hijos. Cierta vez, una de mis hijas acudió a verme confundida y me preguntó por qué otra familia en la iglesia (a la que pertenecía una amiga de ella) no ayunaba y oraba por sus hijos como lo hacemos nosotros. Como fue criada para vivir de esta manera, pensó que era normal que las familias cristianas oraran juntas con regularidad y creyeran en Dios por sus hijos. Cuando ella no vio que eso se vivía en otra familia creyente, ¡se sorprendió! Si vamos a liberar el potencial de la manera en que lo hizo Jesús, debemos orar y buscar al Padre de la forma en que él lo hizo, que es también la manera en que funcionaba la iglesia primitiva en el Libro de los Hechos. Si seguimos todo lo demás escrito en este libro pero fallamos en este punto, ¡también fallaremos en todos los demás puntos!

Capítulo 17

Termine bien

ESTE LIBRO NO estaría completo a menos que incluya un capítulo sobre cómo terminar bien. Verdaderamente no es cómo usted comienza sino cómo termina en la vida lo que importa. Una de las cosas más importantes que Jesús enseñó a sus discípulos fue terminar bien, fijar la meta de terminar sus vidas caminando en el propósito divino. Él nunca intentó nutrir a hombres que se convirtieran en "estrellas fugaces", personas que comienzan con una gran explosión pero ¡se estrellan y se queman tan rápido como suben!

En consecuencia, este libro no estaría completo si no incluimos algunos principios para terminar bien el recorrido de nuestra vida. Ha habido grandes libros de liderazgo sobre cómo tener una vida significativa y terminar bien. (*Halftime: Moving From Success to Significance*, de Bob Buford, es uno que me viene a la mente.) En este capítulo quiero centrarme especialmente en cómo nosotros, los mentores de otros, podemos terminar bien. Después de todo, si no practicamos los principios pertinentes, ¿cómo vamos a ayudar a otros a alcanzar su potencial y caminar en su propósito y su llamado divino?

Una de las conversaciones más tristes que he tenido fue con varios líderes mayores que me confiaron que la mayoría de los dirigentes que conocían nunca terminaban bien. Eso hizo que empezara a mirar a mi alrededor y a tener tantas conversaciones como pudiera con líderes principales sobre este tema. Cuando digo "terminar bien", me refiero a

201

cumplir la obra que Dios nos encomendó (Juan 17:4) para que pasemos satisfechos al otro mundo (Salmos 91:16).

Pablo dijo con respecto a sus últimos días:

> Yo, por mi parte, ya estoy a punto de ser ofrecido como un sacrificio, y el tiempo de mi partida ha llegado. He peleado la buena batalla, he terminado la carrera, me he mantenido en la fe. Por lo demás me espera la corona de justicia que el Señor, el Juez justo, me otorgará en aquel día; y no solo a mí, sino también a todos los que con amor hayan esperado su venida.
>
> —2 Timoteo 4:6-8

Los siguientes son algunos principios que nos permiten terminar bien.

Deje un legado de fe, coraje e integridad.

Para terminar bien, necesitamos tener vidas de fe y valentía, sin arrepentirnos de que perdimos el propósito de Dios con nosotros porque teníamos miedo de correr riesgos y creerle a Dios. Además, necesitamos cultivar vidas de integridad sin involucrarnos en comportamientos escandalosos, que volverán a afectarnos más adelante, nublando nuestro legado.[1]

Equipe adecuadamente a la próxima generación de líderes que Dios le envíe.

Quizá no haya nada más importante para terminar bien que apartar a las personas con potencial y volcarse en ellas para que siempre se esté reproduciendo en las que tienen capacidad de influir en muchas otras. El plan principal de Jesús era invertir en los doce apóstoles, no en las grandes multitudes que se reunían para escucharlo predicar.

Los pastores que se enfocan en predicar y reunir multitudes en vez de elegir un remanente de personas para equiparlas no terminarán bien; porque, en definitiva, usted quiere que sus discípulos estén haciendo obras más grandes que usted antes de pasar a la próxima vida. Las personas morirán insatisfechas si no ven a sus hijos espirituales sobresaliendo en la vida y el ministerio.

Transición exitosa a través de las cuatro etapas de liderazgo en la vida.

Hay al menos cuatro etapas de liderazgo en la vida. La mayoría de las personas nunca pasan de la segunda.

La primera etapa es ser un líder que otras personas puedan seguir. Esto implica usar sus dones para atraer multitudes, predicar el evangelio y crear una comunidad de personas que sigan a Jesús.

La segunda etapa es desarrollar líderes que puedan reproducir otros. Por desdicha, la mayoría de los líderes apenas rascan la superficie con respecto a esta etapa porque quieren ser los que prediquen, oren, casen, entierren y visiten hospitales; necesitan sentirse necesitados. Sin embargo, aquellos que no entran en esta segunda etapa transgreden 2 Timoteo 2:2, que enseña que debemos concentrarnos en desarrollar a esas pocas personas que pueden enseñar a otros.

La tercera etapa es permitir que los líderes que ha desarrollado lideren para que puedan desarrollar sus propios dirigentes mientras se enfoca en entrenar a los líderes de los líderes. Esto, generalmente, sucede una vez que un líder tiene cuarenta o cincuenta años, después de convertirse en un veterano con más de dos décadas de experiencia en liderazgo. ¡Cada etapa puede tomar casi una década para moverse!

La cuarta y última etapa, durante las últimas dos o tres décadas de la vida, es concentrarse en ser mentor de líderes que supervisan redes, movimientos y líderes que supervisan líderes de líderes. Muy pocos llegan a esta última etapa. También puede ser cierto que solo unos pocos líderes son llamados a alcanzar esta cuarta etapa de liderazgo. Los llamados a hacer la transición a esta etapa no estarán satisfechos en sus últimos días sobre la tierra si no han caminado en este nivel. Lo que puede considerarse exitoso para algunos líderes puede no serlo para otros llamados a niveles más altos de liderazgo.

Rodéese de hijos e hijas espirituales que tengan su ADN.
En definitiva, las multitudes van y vienen, pero aquellos a quienes ha nutrido como hijos e hijas espirituales siempre estarán dedicados a usted. Quizás el mayor arrepentimiento de algunos creyentes es que no criaron adecuadamente a los hijos que Dios les dio, lo que resultó en que no tuvieran hijos espirituales en sus últimos años.

Algunos cristianos mayores incluso han dicho que su principal arrepentimiento fue no pasar más tiempo con personas más jóvenes, porque cuando llegaron a los ochenta, la mayoría —si no todos— de sus compañeros estaban muertos, y se quedaron solos sin verdaderos amigos. Para terminar bien, necesitamos desarrollar y asesorar a jóvenes que llevarán nuestro ADN a la próxima generación.

Escriba adecuadamente en un diario las principales lecciones de vida que ha aprendido, para transmitirlas a los demás.

Quizás una de las cosas que los creyentes pueden hacer para maximizar el impacto que tendrán en el futuro es escribir en un diario sus experiencias para que los futuros líderes puedan aprender de ellas. Por ejemplo, la autobiografía de Charles Finney, los diarios de John Wesley y David Brainerd, los escritos de Jonathan Edwards y otros me han ayudado mucho en mi desarrollo personal. No sé dónde estaría hoy si no tuviera los escritos que documentan sus vidas. Quizás hayan tenido más influencia a través de lo que documentaron para las generaciones futuras que cuando estaban vivos. Creo que para terminar bien, necesitamos al menos documentar las principales lecciones que hemos aprendido. Muchos también pueden ser llamados a escribir al menos un libro que enseñe su mensaje de vida. Dedicar de cinco a diez minutos al día para escribir en un diario las lecciones aprendidas o las cosas que Dios le habló a su alma puede ser una fuerza poderosa para el bien de sus hijos biológicos y espirituales, quienes clamarán por sus escritos después de que pase al otro mundo.

Ame a su cónyuge e hijos biológicos.

Uno de los mayores pesares de los líderes es haber perdido a sus familias ante el mundo porque los descuidaron debido a la enormidad del trabajo que tenían que hacer. Será más fácil terminar bien sabiendo que amamos hasta el extremo a nuestros cónyuges e hijos, que vivimos sacrificialmente por ellos y que nos esforzamos por conducirlos por el camino del reino de Dios.

¿De qué sirve si ganamos el mundo entero pero perdemos a nuestros hijos para el mundo? No quiero que mis hijos me maldigan junto a mi tumba o se nieguen a ir a mi funeral porque les dejé un sabor amargo a Dios, a la iglesia y a mí mismo, y porque viví hipócritamente fingiendo amor a Dios y a las personas en público mientras los descuidaba a ellos en privado.

No guarde rencores.

Para terminar bien, necesitamos hacer borrón y cuenta nueva en nuestros corazones respecto de aquellos con quienes hemos trabajado. Necesitamos tener cuentas breves con los demás y caminar en los principios de Mateo 18:15-17 para que, si tenemos algo en contra de nuestro hermano o hermana, inmediatamente le hablemos e intentemos resolverlo en vez de hablar sobre esa persona y guardar rencor en nuestros corazones.

Los creyentes que no caminan en la luz con otros tendrán asuntos sin resolver que pueden resultar en amargura. No podemos andar con amargura y resentimiento, culpando a otras personas por nuestra falta de éxito o satisfacción en la vida.

También debemos asegurarnos de no permitir que otras personas controlen nuestras emociones con sus acciones. A pesar de lo que los demás puedan decirnos y hacernos, necesitamos perdonarlos y tener un corazón limpio y puro ante Dios para que podamos pasar a la gloria en paz. Las personas amargadas, por lo general, no terminan bien; ¡terminan enojados e insatisfechos!

Dirija a todos hacia a Jesús y no a usted mismo.

Por último, terminar bien depende —en definitiva— de si vivimos para glorificarnos y atraer la atención hacia nosotros o hacia Jesús. Lo mejor que alguien pueda decir sobre nosotros en nuestro funeral será que amamos a Dios y que hicimos que otros amaran a Dios. ¡Más importante que ser conocidos por nuestra predicación, grandes organizaciones, libros o logros es que inspiramos a nuestras familias biológicas, nuestras iglesias y nuestra generación a amar y conocer a Dios apasionadamente!

Hay muchas más cosas que se pueden escribir sobre terminar bien. Estas son solo algunas de las ideas que he presentado basadas en mi experiencia limitada y mi perspectiva estrecha. ¡Que Dios nos ayude a todos a terminar bien!

Capítulo 18

Preguntas transformadoras que debe hacerse

(Tanto para el mentor como para el aprendiz)

A L COMENZAR A cerrar este libro, es mejor que se haga una serie de preguntas que puedan ayudarle a descubrir los problemas que deben abordarse. Sin preguntas transformadoras con las cuales trabajar, algo que altere radicalmente su vida, carecerá de autoconciencia y no tendrá pasos prácticos para aplicar los principios de Jesús que aprendió en este libro.

Por supuesto, las siguientes preguntas son importantes tanto para el mentor como para el aprendiz, si vamos a ser conscientes de nosotros mismos y capaces de liberar el potencial de los demás.

¿Estoy involucrado en una actividad sin propósito?

A veces cometemos el error de pensar que mucha actividad es igual a productividad. Otras veces, las personas más ocupadas pueden ser las menos productivas porque se concentran en las cosas triviales de la vida en vez de en las más importantes. Todos tenemos que discernir entre las *cosas buenas* y *las cosas que Dios* debe hacer.

¿Valoro los programas más que las personas que me rodean? (una pregunta para un pastor principal)

A menudo, los líderes tienen una mentalidad tan institucional que concentran la mayor parte de su energía en desarrollar programas en vez de invertir en el desarrollo de las personas que los rodean. Hablando en términos bíblicos, Jesús no construyó una gran organización. Formó un gran equipo de liderazgo que al fin crearía el mayor movimiento que el mundo jamás haya visto.

¿Estoy buscando a Dios de acuerdo con el llamado y la asignación divina mi vida?

Cuanto más influyente sea, más oportunidades se le presentarán que pueden desplazar a Dios de su mundo. ¡Nunca debemos estar demasiado ocupados para orar! Dios solo puede confiarnos una verdadera influencia basada en nuestra comprensión de sus caminos y el conocimiento íntimo de su persona.

¿Estoy enfocado únicamente en el mundo exterior –con metas, objetivos y logros– o también estoy prestando atención a mi hombre interior con respecto a mi llamado a crecer en amor, humildad y vivir para la gloria de Dios?

Dado que la mayoría de la gente desea tener el control siempre, es fácil para ellos vivir obsesionados con los objetivos y los logros como medida para apreciar su valor. La Biblia nos enseña claramente, en 1 Corintios 13, que la búsqueda más grande a tener es la del amor, lo cual supone madurez espiritual y emocional. Esto se logra con solo prestar más atención a nuestros motivos y salud emocional —de los cuales surge la vitalidad espiritual— que a los meros logros y objetivos.

¿Estoy invirtiendo suficiente tiempo en las relaciones clave que Dios me ha dado?

Jesús dijo en Juan 17:12, que de todas las personas que el Padre le dio, no perdió a ninguna. Jesús siempre enfocó la mayor parte de su atención en los doce apóstoles que el Padre le dio para discipularlos.

Para maximizar nuestro propósito, debemos invertir la cantidad adecuada de tiempo en nuestros cónyuges, hijos biológicos, hijos espirituales y personas clave con las que Dios nos ha llamado a construir su reino.

¿Reconozco la etapa de la vida en la que me encuentro actualmente?

Todo el mundo está en una etapa diferente de la vida, aproximadamente, cada veinte años. A menudo, los líderes de setenta y ochenta años todavía están tratando de lograr cosas que los de veinte y treinta años deberían estar haciendo. Los que tienen entre veinte y cincuenta años se enfocan en el éxito, pero los que están en sus últimos años deben enfocarse en la importancia que proviene principalmente de ser mentores de personas más jóvenes.

¿Estoy cultivando continuamente los patrones de hábitos necesarios para lograr la máxima eficiencia?

Nuestro destino está determinado por los patrones de hábitos que hemos cultivado a lo largo de nuestra vida. Tenemos que preguntarnos constantemente si nos estamos enfocando en desarrollar los hábitos conectados con nuestro propósito final en la vida. A menudo, las personas dedican más tiempo a los pasatiempos que les apasionan que a desarrollar los hábitos necesarios para cumplir su destino.

Por ejemplo, puede que le encante jugar al golf, pero si pasa horas todos los días cultivando su juego en vez de hacer lo que debe hacer, entonces está poniendo algo que es simplemente un pasatiempo antes que su propósito en la vida.

¿Me preocupo por la salud de mi espíritu, alma y cuerpo?

A menudo, los creyentes descuidan un área importante de sus vidas porque se concentran únicamente en otra. He visto a muchos cristianos descuidar su salud con malos hábitos alimenticios, falta de sueño o de ejercicio. Sus consiguientes problemas de salud limitan su capacidad para liberar su potencial o resultan en su muerte prematura. Dios quiere que prestemos la misma atención al desarrollo de buenos hábitos relacionados con nuestra vida espiritual, salud emocional y salud física. Descuidar solo una de esas áreas limitará en gran medida su capacidad para cumplir el propósito de Dios en su vida (1 Tesalonicenses 5:23).

¿Soy un buen administrador de mi tiempo, dinero y los dones y talentos que me han sido dados?

Dios nos ha dado a cada uno de nosotros una medida de dones, talentos y habilidades. Todos seremos juzgados como mayordomos de esos dones que Dios nos ha confiado. A quien mucho se le da, mucho más se le exigirá en el día del juicio. ¡Demasiados cristianos permiten que los grandes dones y talentos que tienen permanezcan dormidos! Sea lo que sea que Dios le esté dando, usted es responsable de desarrollarlo y maximizarlo para su gloria.

¿Estoy rodeándome de las personas que pueden llevarme al próximo nivel del propósito de Dios?

Por lo general, puedo predecir la trayectoria de una persona comprobando a los que tiene más cerca. Los que andan con gente amargada se volverán amargados. Los que andan con gente perezosa se volverán perezosos. Aquellos que se

JOSEPH MATTERA

juntan con personas de alto rendimiento, tendrán una mejor oportunidad de maximizar sus habilidades. Lo más importante es rodearse de los mentores y amigos adecuados que lo inspirarán a pasar al siguiente nivel en la vida. Sus confidentes más cercanos deben ser aquellos que invoquen al Señor con un corazón puro y busquen primero su reino y su justicia.

Para terminar, cada mentor necesita otro par que lo ayude a liberar todo su potencial. Mi oración por todos los que leen este libro es que encuentren un mentor poco común que los ayude a liberar la plenitud de su propósito en la vida, que es llegar a ser como Jesús. Mi oración también es que así como recibe gratuitamente del Señor, también dé gratuitamente a otros para que ellos también puedan caminar en la plenitud de su propósito.

Maneras efectivas de ayudar a los seguidores maduros de Cristo

PARA ENTRENAR A las personas de la manera en que lo hizo Jesús, necesitamos entender el hecho de que él nunca habilitó ni autorizó a otros que se sentían cómodos en su pecado o en sus malas actitudes. Es decir, fue duro con sus discípulos cuando necesitaba serlo y los corrigió cuando necesitaban corrección. Los mentores deben estar dispuestos a brindar una crítica constructiva a aquellos en quienes están invirtiendo o perderán el papel que Dios les ha dado para ayudar a formar a esas personas en particular. Los mentores que temen la confrontación piadosa o se niegan a corregir a aquellos a quienes están asesorando serán culpables de ayudar a perpetuar patrones de hábitos dañinos en aquellas personas que Dios les ha confiado. Estos son mentores que desean complacer a las personas más que ayudarlas. Esta es una tendencia contra la cual habló el apóstol Pablo (1 Tesalonicenses 2:4).

Después de más de cuarenta años de enseñar y guiar a otros, he llegado a la conclusión de que hay dos clases de hacedores de discípulos o mentores en el cuerpo de Cristo: los facilitadores y los que discipulan. En la siguiente sección voy a contrastar los facilitadores y los verdaderos hacedores de discípulos para que pueda discernir en qué categoría encaja usted. Si está en la de los facilitadores, mi oración es que después de leer esta sección, se aleje de este estilo de liderazgo y vaya a un verdadero discipulado bíblico. Dado que gran parte del discipulado ocurre en el contexto de grupos pequeños en una iglesia local, he elaborado estos contrastes para que se ajusten a la dinámica de los grupos pequeños. Sin embargo, se pueden aplicar en un entorno de uno a uno, así como en otros ambientes.

Características de un facilitador

Los facilitadores adaptan su mensaje y enfoque al ministerio en función del nivel de compromiso de su grupo en vez de sostener las normas bíblicas. Por lo tanto, su objetivo es mantener a las personas felices y no incomodar a nadie. El desafío con este enfoque es el hecho de que son los mentores, no los aprendices, quienes deben determinar los estándares y el contenido de las enseñanzas (contenido que siempre se ajusta a las Escrituras).

¿Puede imaginarse lo que hubiera sucedido si el Señor Jesús hubiera basado el estándar de sus enseñanzas en el sistema de valores de aquellos a quienes estaba enseñando? Este punto es aún más importante hoy, ya que estamos en medio de un declive cultural y moral y, a menudo, los miembros de la iglesia adoptan valores y puntos de vista que contradicen la Palabra de Dios en vez de ajustarse a ella. Por supuesto, todo mentor, como Jesús, debe usar un lenguaje y ejemplos familiares para aquellos a quienes está enseñando para que les resulte más fácil asimilar y comprender. Cuando Jesús estaba con los que estaban familiarizados con una cultura agraria, hablaba de sembrar semillas, ovejas perdidas y ser un Buen Pastor. Cuando estuvo con la mujer junto al pozo, le habló del agua viva y demás. En consecuencia, un buen mentor debe utilizar el lenguaje de la cultura para hacer un punto sin comprometer los estándares y valores bíblicos. Incluso cuando Jesús estaba comiendo y bebiendo con los pecadores, nunca transigió con su mensaje y su esencia al rebajarse al nivel de comportamiento de ellos. Él fue un constructor de puentes entre los pecadores y el Padre para atraer a la gente a Dios. Siempre fue el "arreglista de la mesa", no lo opuesto. Los facilitadores rara vez desafían a aquellos a quienes asesoran, aun cuando han sido salvos por mucho tiempo y no se adhieren a los principios fundamentales de asistir a la iglesia, compartir su fe, diezmar, dar ofrendas, llevar vidas santas y buscar primero el reino de Dios. He conocido líderes de grupos pequeños y a los llamados mentores que nunca marcan la diferencia con respecto al comportamiento y las metas de los aprendices. Por supuesto, al final, creo que cada persona tiene que elegir el tipo de vida que está tratando de llevar. Sin embargo, independientemente de quién los esté asesorando, he visto a algunas personas que son efectivas en cuanto a dar forma y motivar las vidas de las que están asesorando y otras que solo brindan un buen compañerismo sin desafiar el *status quo*. Los buenos mentores, en la mayoría de los casos, tendrán un impacto positivo en la vida y trayectoria de aquellos a quienes asesoran.

Los facilitadores rara vez integran el ministerio y la visión de su congregación local, sino que potencian el individualismo irresponsable. Los habilitadores tienden a señalarse a sí mismos más que a la visión de la iglesia local. Esto se debe a que lo que más les motiva es conseguir el cariño y el afecto de las personas. En consecuencia, tanto el mentor como el aprendiz o el grupo pequeño desarrollan un vínculo emocional carnal que se vuelve codependiente. El resultado es que el grupo pequeño o los aprendices se comprometen más con su mentor que con la visión de la iglesia y con Jesús. Se convierten en islas en sí mismos, incluso en el contexto de servir en un ministerio de la iglesia.

Las dinámicas codependientes de mentor-asesorado dan como resultado que el primero atraiga discípulos tras sí mismo en vez de integrar su ministerio con la visión de la iglesia local. Por supuesto, cuando hay más de una visión en una iglesia, hay división y los problemas no se quedan atrás. Otro rasgo de los facilitadores es que constantemente ponen excusas para aquellos a quienes están ministrando cuando están operando fuera de la voluntad de Dios; por ejemplo, están demasiado ocupados para asistir a la iglesia los domingos; el diezmo no es importante porque Dios solo quiere sus corazones primero; etcétera. A decir verdad, siempre habrá una manera de justificar la desobediencia a Dios. ¿Cuándo fue fácil eso para Jesús y los apóstoles originales, o para cualquiera de nosotros? No, aquellos a quienes asesoramos a veces caen en el engaño y la desobediencia a Cristo, y siempre intentan esconderse detrás de buenas excusas y circunstancias difíciles.

Uno de los trabajos principales de un mentor semejante a Cristo es descubrir las razones fundamentales detrás de esas "buenas excusas" y desafiar a los aprendices a servir a Dios incluso en medio de pruebas y dificultades. Por eso el apóstol Pablo le dijo a Timoteo: "Participa en las aflicciones como buen soldado de Cristo Jesús" (2 Timoteo 2:3). Un mentor semejante a Cristo enseñará a los seguidores que Dios permite las dificultades para probar la fe de los creyentes y para ver si realmente quieren servirle a pesar de sus muchos obstáculos y desafíos (Santiago 1:2-4).

Los facilitadores no solo se identificarán con las pobres excusas de sus aprendices, sino que también se solidarizarán con ellos y afirmarán muchas decisiones perjudiciales para su fe y su llamado. Por lo tanto, debido a que esos habilitadores, quizás sin querer, están reforzando el estilo de vida desobediente de sus aprendices, ya sea por su propia falta de convicción o pasión en estas áreas oscuras o porque el deseo y la necesidad de gustarles supera su motivación para estar en desacuerdo, no confrontan ni ayudan a conformar a los aprendices a la imagen de Cristo. Por supuesto, la confrontación siempre debe hacerse con amor, gracia y misericordia y, sin embargo, tiene que hacerse, o los aprendices se sentirán empoderados en su desobediencia en vez de condenados. Por último, los facilitadores simpatizan en lugar de empatizar con los aprendices cuando se quejan de la autoridad espiritual y el liderazgo. Este es quizás el rasgo más destructivo de un facilitador. Esto se debe a que han traicionado la confianza que les han dado los líderes espirituales de una iglesia al albergar acusaciones o quejas sobre la autoridad espiritual en su congregación. Todo el mundo sabe que es muy fácil criticar el liderazgo, ya sea político o eclesiástico, cuando no se es la persona responsable de dirigir el barco. Todos podemos dudar de los líderes, criticar sus enseñanzas, su estilo de liderazgo o su interacción con las personas con las que están en conflicto. Los mentores que permiten este tipo de comportamiento funcionan como Absalón, el hijo de David que robó los corazones del pueblo de Israel antes de que se rebelaran contra su rey (2 Samuel 15).

Es el papel de los mentores entender cómo representar correctamente la autoridad espiritual de una iglesia e indicar a los aprendices lo que dice Mateo 18:15-17 si creen que un líder espiritual los ha agraviado. No promover la transparencia bíblica (1 Juan 1:5-7) con los aprendices es participar voluntariamente en acciones divisivas que pueden perjudicar tanto al aprendiz como a la iglesia.

Rasgos bíblicos de un mentor semejante a Cristo

Los mentores semejantes a Cristo deben dirigir a las personas a Jesús, no a sí mismos. El objetivo principal de todos los mentores bíblicos es llevar a las personas al lugar correcto con los propósitos de Dios, no que amen a su mentor y estén de acuerdo con esa persona en todo. A veces esto significa que el mentor tiene que sostener conversaciones difíciles con el aprendiz sobre su falta de compromiso con Dios y con las normas bíblicas.

Aun cuando los facilitadores evitarán a toda costa las confrontaciones, los mentores semejantes a Cristo vencen la incomodidad de tener discusiones difíciles por el bien del alma del aprendiz. En consecuencia, los mentores semejantes a Cristo nunca se abstienen intencionadamente de presentar todo el consejo de Dios. Siempre enseñan cosas culturalmente embarazosas, como tener un estilo de vida sexualmente puro, mantener el día del Señor primero en lugar de eventos familiares (relacionados con la participación de la congregación del Señor todos los domingos), y dar diezmos y ofrendas para apoyar la obra de Dios, por nombrar algunos temas típicos.

Los mentores semejantes a Cristo también oran continuamente por su iglesia, su liderazgo espiritual y por la visión de su iglesia en sus reuniones de grupo para que todos los cercanos a ellos estén inextricablemente conectados con la vida y la visión de su iglesia. Además, ocasionalmente (cuando los consideran listos) alientan a los aprendices a que se ofrezcan como voluntarios para servir en el ministerio de la iglesia a fin de que aprendan a usar sus dones y talentos para el Señor.

También desafían y entrenan a los aprendices en cuanto a practicar una vida devocional privada con el Señor y una vida devocional con su familia. Enseñan, modelan y exhortan a los aprendices a caminar en el perdón y construir relaciones de pacto duraderas con su familia inmediata y la familia de la iglesia (no basadas en una existencia egocéntrica que promueva el "yo, mí, mi") entrenándolos para seguir poniendo a los demás antes que a sí mismos, tal como lo hizo Jesús, como dice en Filipenses 2:1-8. En última instancia, los mentores semejantes a Cristo capacitan a otros para que se reproduzcan ganando personas para el reino y haciendo discípulos en lugar de simplemente aferrarse al Señor en modo de supervivencia con el objetivo de tener paz en sus vidas, satisfacer sus necesidades y llegar al cielo, como hacen muchos cristianos.

El objetivo de un mentor semejante a Cristo es, en definitiva, alimentar a los aprendices con carne, no con leche, como lo ordena Pablo en 1 Corintios 3:1-3 y Hebreos 5:12. A pesar de pasajes como Hebreos 6:1-4, ¡algunos de nosotros todavía estamos enseñando a los que han sido salvos durante años como si fueran nuevos cristianos! Finalmente, cuando se trata de establecer convenios y hacer discípulos, somos mayordomos de Cristo y de su evangelio, ¡la responsabilidad más privilegiada y más terrible del mundo! El llamado de la iglesia no es tener un club social no confrontativo como cualquier bar, sino ¡tener un ejército social contracultural de discípulos! Somos llamados a estar al frente de la oración, el ayuno, la evangelización, el discipulado y la transformación social. Lamentablemente, gran parte del cuerpo de Cristo ha estado en la primera línea para satisfacer las necesidades y los deseos que esta cultura obsesionada con el consumo impone a la población. ¡Nuestro llamado no es hacer felices a todos sino exhortarlos a tener un propósito! Aunque somos llamados a ministrar a las necesidades emocionales de las personas, tenemos que hacerlo en los términos de discipulado y compromiso con Dios, no en términos humanistas y egocéntricos que no tienen un objetivo final excepto la autopreservación y el placer.

Es importante que aquellos a quienes asesoramos nos amen. Sin embargo, no siempre les agradaremos en el proceso. Por lo tanto, es más importante agradar a Dios que a los hombres, como dijo Pablo en sus epístolas. Dios está con nosotros, y su Espíritu nos dará poder si somos sus testigos y no testigos de nosotros mismos y de nuestros propios deseos (Hechos 1:8). Si quiere complacer a todas las personas, ¡conviértase en animador, no en líder!

En retrospectiva, servir como un mentor semejante a Cristo es quizás el mayor privilegio que cualquiera de nosotros tendrá (además de la adoración) de este lado del cielo. Necesitamos calcular el costo y comprender los requisitos extremadamente grandes de modelar el liderazgo para otros antes de comenzar esta tarea. Debemos estudiar las Escrituras y ver cómo líderes como Moisés, Samuel y David en el Antiguo Testamento, y Jesús y Pablo en el Nuevo Testamento procesaron y maduraron a los creyentes para que podamos seguir sus ejemplos. Necesitamos estudiar pasajes clave relacionados con el liderazgo que puedan servir de guía para nuestras propias vidas y ministerio como mentores.[1]

Por último, aunque Pablo enseña que los cinco dones del ministerio —apóstol, profeta, pastor, maestro y evangelista—, mencionados en Efesios 4:11, son principalmente ministerios llamados a equipar a los creyentes (v. 12), las Escrituras aclaran que Dios espera que todos los creyentes se reproduzcan y hagan discípulos independientemente de la tarea que tengan en el reino de Dios (Mateo 28:19-20). Todos los creyentes son llamados a estar equipados en la iglesia para que puedan hacer discípulos en el lugar de trabajo además de discipular a sus familias biológicas. Principalmente estamos llamados a enseñar a otros mientras vivimos con ellos (Deuteronomio 6:6-9) porque el cristianismo no es una religión institucional sino que se basa en el camino de Jesús y sus enseñanzas (Juan 14:6). Por lo tanto, si limitamos el hacer discípulos a las reuniones organizadas de la iglesia, perderemos la oportunidad de utilizar el tiempo y el espacio que compartimos con aquellos con quienes pasamos la mayor parte del tiempo en la escuela o en el trabajo.

Todos los creyentes, hayan sido llamados a estar en el ministerio de la iglesia a tiempo completo o no, son llamados a ser sus ministros dondequiera que estén para que puedan equipar a los seguidores de Cristo en todos los sectores de la sociedad. Si cada creyente en el próximo año, simplemente, ganara a una persona y la discipulara, ¡entonces el cristianismo explotaría y duplicaría su tamaño en solo un año!

Como apéndice de este libro relacionado con ayudar a formar y sacar lo mejor de la vida de los seguidores de Cristo, he resumido mi enseñanza sobre hacer discípulos en diez leyes, para que sea más fácil de seguir. Esto se basa en mis más de cuatro décadas de hacer discípulos, asesorar y ayudar a los creyentes a alcanzar a su destino y desarrollar su llamado divino.

Diez leyes para hacer discípulos de manera efectiva

1. Sea relacional.
Una de las mayores necesidades en el cuerpo de Cristo hoy es que los líderes espirituales se relacionen socialmente con aquellos a quienes están asesorando. No es suficiente guiar a las personas en el ambiente típico de una reunión o servicio de la iglesia. A menudo, los líderes espirituales son inaccesibles fuera del contexto del servicio de la iglesia. Descubrí que aquellos que tomo bajo mi ala crecen más rápido cuando invierto tiempo personal con ellos y me dedico a atenderlos.

Cuando los líderes espirituales solo pueden relacionarse con aquellos a quienes están asesorando en el contexto de un servicio religioso organizado, eso puede ser una señal de una disfunción social en el mentor, ya que no es natural relacionarse solo en los entornos religiosos. Por desdicha, algunos líderes son inseguros y solo se sienten cómodos con sus seguidores cuando están detrás del púlpito "bajo la unción" y están en una posición de poder sin la vulnerabilidad de la conversación abierta, el diálogo y la dinámica social impredecible.

Cuando examinamos los evangelios, vemos que pasar tiempo con Jesús fue uno de los principales componentes relacionados con su método de hacer discípulos. En Marcos 3:14 y Juan 1:38-39 vemos cómo invitó Jesús a sus seguidores a pasar tiempo con él para que pudieran ver y experimentar lo que significaba estar con él. Su predicación y su enseñanza fueron solo una parte del método que empleó para hacer discípulos. En realidad, eso solo complementaba su constante proximidad a él. Por eso Juan escribió en su primera epístola acerca de Jesús: "Lo que era desde el principio, lo que hemos oído, lo que hemos visto con nuestros ojos, lo que contemplamos y palpamos con nuestras manos acerca de la palabra de vida" (1 Juan 1:1).

2. Convivir juntos.

Junto con el primer punto, debemos entender que hacer discípulos se trata realmente de integrar y entretejer vidas para que comencemos a vivir juntos, en armonía. Es decir, para realmente hacer discípulos, necesitamos hacer que aquellos a quienes estamos asesorando sean parte de nuestras vidas. Jesús no enseñaba simplemente a la gente una vez por semana en un servicio religioso; los enseñaba mientras estaba sentado con ellos en una montaña (Mateo 5:1) y mientras caminaba por los campos de trigo (Lucas 6:1). Ejemplificó la fe en la forma en que respondió a una situación que amenazaba la vida (Mateo 8:23-27). Enseñó cómo manejar el fracaso del ministerio por cómo respondió cuando sus

JOSEPH MATTERA

líderes fallaron en liberar a un niño de la opresión demoníaca (Marcos 9:14-23), cómo actuó en medio de la traición del liderazgo (Lucas 22:20-34), y cómo actuó cuando su corazón estaba extremadamente cargado por la tristeza (Lucas 22:39-46). Al examinar la vida de Jesús, vemos que quizás su forma más eficaz de hacer madurar a sus seguidores fue simplemente permitiéndoles convivir con él.

3. Estar comprometido con el éxito de su aprendiz.

Así como Jesús lavó los pies de sus discípulos (Juan 13:1-20), nosotros estamos llamados a lavar los pies de aquellos a quienes nos dedicamos a disciplinar y orientar comprometiéndonos con su éxito. Por desdicha, la idea de algunos líderes de hacer discípulos se limita a trabajar con aquellos que les permiten alcanzar sus objetivos personales y ministeriales. Por lo tanto, cosifican a las personas y las utilizan en vez de respaldarlas y ayudarlas a alcanzar su potencial.

Descubrí que cuando me comprometo a ayudar a las personas a cumplir con su llamado, la bendición de Dios sobre mí se libera de una manera que activa todos mis dones y habilidades, lo que me lleva al ámbito del favor de Dios, en el que él a su vez envía muchos personas que me ayuden a cumplir con mi llamado y mi propósito. No solo eso, cuando las personas saben que realmente se preocupa por ellos y quiere ayudarlos a cumplir con su llamado, ellos a su vez se preocuparán por usted y le ayudarán a cumplir su visión.

Jesús dijo: "De gracia recibisteis, dad de gracia" (Mateo 10:8 RVR1960), porque hay tantos dones y bendiciones de Dios para repartir que nunca perjudicaremos nuestro propio llamado si nos comprometemos a servir al de otra persona. ¡vocación! ¡Cuanto más fielmente demos, más recibiremos de Dios porque su pozo nunca se seca! (Ver Juan 4:13-14; 7:38).

4. No se sienta amenazado por el éxito de su aprendiz.

Quizás el mayor testimonio de nuestro éxito como mentores es cuando nuestros aprendices superan nuestro propio éxito ministerial. Jesús aludió a esto cuando dijo que sus seguidores harían obras aun mayores que las que él hizo (Juan 14:12). La huella más grande de nuestras vidas será el legado de influencia que dejemos a través de nuestros hijos e hijas después de que abandonemos este mundo.

Es lamentable que muchos líderes sean como Absalón, cuyo único legado fue erigir un monumento a sí mismo porque no tenía hijos (2 Samuel 18:18). Algunos pastores y líderes piensan que su mayor legado serán los enormes edificios que construyeron; sin embargo, el principal impacto que jamás tendremos es el depósito de la fe y la visión que inculcamos en nuestros seguidores, los que continuarán la misión de Jesús en las generaciones venideras. Es por eso que Pablo le dijo a Timoteo: "Con fe y amor en Cristo Jesús, sigue el ejemplo de la sana doctrina que de mí aprendiste. Con el poder del Espíritu Santo que vive en nosotros, cuida la buena enseñanza[a] que se te ha confiado" (2 Timoteo 1:13-14). También le dijo a Timoteo: "Lo que me has oído decir en presencia de muchos testigos, encomiéndalo a creyentes dignos de confianza, que a su vez estén capacitados para enseñar a otros" (2 Timoteo 2:2).

En consecuencia, el método paulino de hacer discípulos se convirtió en un ciclo interminable de discípulos que hacen discípulos que vuelven a hacer discípulos para las generaciones venideras. ¡Es por eso que la iglesia ha seguido prosperando más de dos milenios después de su creación! La mayor inversión del tiempo de Pablo fue con aquellos en los que invirtió, no en la construcción de grandes edificios, razón por la cual, justo antes de su martirio, los comentarios finales de Pablo a Timoteo incluyeron estas palabras:

Tú, en cambio, has seguido paso a paso mis enseñanzas, mi manera de vivir, mi propósito, mi fe, mi paciencia, mi amor, mi constancia, mis persecuciones y mis sufrimientos. Estás enterado de lo que sufrí en Antioquía, Iconio y Listra, y de las persecuciones que soporté. Y de todas ellas me libró el Señor. Así mismo serán perseguidos todos los que quieran llevar una vida piadosa en Cristo Jesús, mientras que esos malvados farsantes irán de mal en peor, engañando y siendo engañados. Pero tú permanece firme en lo que has aprendido y de lo cual estás convencido, pues sabes de quiénes lo aprendiste.

—2 TIMOTEO 3:10-14

Es obvio que la vida de Pablo fue un modelo para moldear la de innumerables discípulos, que trastornaron al mundo (Hechos 17:6), plantaron miles de iglesias e hicieron que la misión de Jesús floreciera hasta el día de hoy. Estoy seguro de que Pablo no tenía idea del tipo de influencia que haría durante los próximos miles de años, que se produjo principalmente porque preparó a aquellos a quienes asesoró para hacer obras más grandes que las que él hizo, por lo que "aunque murió, todavía habla" (Hebreos 11:4). Para finalizar este punto, Juan dijo que no tuvo mayor gozo que cuando vio a sus hijos andar en la verdad (3 Juan 4). Este es el tipo de actitud que deben tener todos los verdaderos mentores, ya que es la misma exhibida por el Señor Jesús a lo largo de su ministerio.

5. Sea un "abridor de puertas" para su aprendiz.

Una de las cosas que me ha asombrado a lo largo de los años es cuántas personas he tomado bajo mi ala que han visto sus vidas y ministerios explotar con impacto e influencia.

No puedo nombrar a todos los que conozco cuyos ministerios despegaron después de que se alinearon conmigo a través de la tutoría, y varios incluso se han convertido en nombres familiares. Esto se debe a que, cuando una persona se alinea apostólicamente, sus dones, habilidades y llamamiento se aprovechan para lograr el máximo impacto. A menudo noto el potencial en bruto en las personas y, al brindarles orientación, responsabilidad y estructura, pueden florecer. Además, un componente importante de lo que ocurre durante el proceso de alineación conmigo es que pueden conectarse con las personas que pueden ayudarlos a pasar al siguiente nivel en su lugar de trabajo o vocación en la iglesia. A veces les sirvo intencionalmente como "abridor de puertas" al presentarles personas que sé que pueden ayudarlos. O a veces es porque asisten a una conferencia que estoy facilitando (porque están alineados conmigo) y Dios organiza conexiones divinas para ellos porque sabe que ahora puede confiarles la influencia dado que tienen la responsabilidad y la tutoría adecuadas.

Dicho esto, uno de los roles de un buen mentor es que se convierta en un "abridor de puertas" al otorgarles a las personas "el don del acceso", acceso que he invertido años en desarrollar capital relacional con personas influyentes y que en un instante puedo otorgar a un aprendiz en quien confío permitiéndole usar mi nombre para conectarse con esas personas. Siento una gran alegría cuando puedo conectar a aquellos a quienes asesoro con otros que pueden ayudarlos a cumplir los sueños que Dios les ha dado. Este es absolutamente uno de los roles que todo mentor debería tener.

6. En lo referente a discipular, piense más allá de los límites.
A lo largo de los años, a medida que mi agenda de viajes se volvió más exigente, me di cuenta de que tenía menos

tiempo para dedicarme a otros en un entorno local. Para ayudar a compensar esto, comencé a pedirles a los líderes a los que estaba asesorando que me acompañaran en mis viajes, algunos de una semana o más. Descubrí que esa es una forma extraordinariamente efectiva de hacer discípulos porque combina varios elementos cruciales para moldear vidas.

Por ejemplo, pueden escuchar mi enseñanza durante un período prolongado en una conferencia (no solo durante una hora de estudio bíblico o un mensaje dominical). Pueden pasar el rato conmigo mientras viajan y compartimos comidas juntos; pueden analizar las reuniones conmigo; pueden a ayudarme a discernir lo que el Señor estaba diciendo y haciendo en medio de aquellos a quienes estaba ministrando; viven experiencias en culturas extranjeras, lo que los saca de su zona de confort; y llegan a conocer a algunos de los principales líderes y personas más interesantes del mundo, lo que agudiza aún más sus destrezas y acelera su proceso de formación espiritual.

En consecuencia, he aprendido a pensar más allá de los límites y a adaptar la formación de discípulos a las realidades siempre cambiantes de mi vida. Si fallaba en hacer eso, entonces mi formación de discípulos habría disminuido enormemente cuando comencé a itinerar con el ministerio extra local. Descubrí que una semana viajando conmigo en el ministerio equivalía a más de seis meses de estudios bíblicos semanales y servicios habituales. En vez de abandonar el componente de hacer discípulos de mi vida debido a los viajes excesivos, de alguna manera mi tutoría se ha vuelto más efectiva porque a menudo puedo llevar a una o más personas conmigo en un viaje ministerial y ver qué tan rápido Dios puede transformar la vida de una persona.

7. Procesen decisiones juntos para desarrollar el pensamiento crítico.

Si todo lo que hago es dictar instrucciones a aquellos a quienes asesoro, simplemente produciré seguidores. Sin embargo, si quiero producir y multiplicar otros líderes, tengo que hacerlos parte del proceso de toma de decisiones para que puedan aprender a pensar de manera crítica, lo que a su vez les permitirá resolver problemas, tomar la iniciativa y ser innovadores en su enfoque.

Cuando tengo nuevos creyentes en los que estoy invirtiendo, me limito a observar en qué medida del proceso de toma de decisiones pueden participar hasta que desarrollemos confianza mutua y maduren como seguidores de Cristo. Sin embargo, cuanto más maduran, más trato de permitirles que participen en procesos de toma de decisiones de mayor nivel para que puedan aprender directamente la enormidad de cosas que deben considerar para tomar una decisión informada. También aprenden a operar en el contexto del asesoramiento de un equipo en vez de operar en el vacío del aislamiento. Esto es vital para desarrollar seguidores de Cristo equilibrados y maduros que a su vez se conviertan en líderes y mentores efectivos.

8. Procesen la planificación estratégica juntos.

Además de la toma de decisiones, es importante incluir ocasionalmente a los aprendices en un proceso de planificación estratégica. Esto llevará la toma de decisiones a otro nivel y los equipará mejor con respecto a pasar de la A a la Z en todos los aspectos de sus vidas, negocios y ministerio. También es importante, como parte del proceso de formación de discípulos, enseñar a los aprendices la diferencia entre liderazgo y gestión; y cómo distinguir entre propósito, misión, metas, estrategias y tácticas;

y el papel de cada uno en el proceso de planificación estratégica.

Descubrí que algunas de las personas más ungidas y dotadas que he conocido estaban limitadas en cuanto a su influencia y productividad porque no sabían cómo hacer realidad su visión. Verdaderamente, tener una visión sin la capacidad de hacerla realidad es desperdiciar creatividad, innovación y sueños. Tenemos que enseñar a los aprendices que una gran visión y unción casi nunca son suficientes sin un buen proceso administrativo que convierta de manera acertada un plan en la construcción deseada.

9. Concédale la oportunidad de poner en práctica sus enseñanzas a su aprendiz.

Jesús siempre comenzó "a hacer y a enseñar" (Hechos 1:1). Él nunca enseñaba solamente. Por lo tanto, la verdadera tutoría implica dar a los discípulos la oportunidad de aplicar sus enseñanzas sirviendo en el contexto de la comunidad de Jesús para que pueda haber responsabilidad y mayor instrucción. (Ver este método de Jesús en Lucas 9:1-2, 10; 10:1, 17-20).

En el contexto de supervisar una iglesia durante varias décadas, descubrí que un seguidor de Cristo dejará de crecer un año o dos después de su conversión si la persona no se ofrece como voluntaria para servir en el contexto de la congregación. Jesús dijo que su comida era hacer la voluntad del Padre (Juan 4:34). Esto va en contra de la corriente del cristianismo contemporáneo, que a menudo enseña que nuestra "carne" es simplemente escuchar una enseñanza tras otra en lugar de aplicar lo que nos enseñaron. Incluso el apóstol Santiago dijo que la fe sin obras es muerta y que si solo oímos la Palabra sin ser hacedores de ella, nos engañamos a nosotros mismos (Santiago 2:17; 1:22).

Para concluir este punto, si vamos a hacer discípulos como los hizo Jesús, busquemos la oportunidad para que nuestros aprendices sirvan en alguna función que sea observable, responsable, medible y orientada a objetivos concretos, de modo que podamos medir su crecimiento y maximizar su potencial para la formación espiritual y el servicio en el reino.

10. Promueva la transparencia y aplíquela a la relación.

Por último, pero no menos importante, debemos establecer la transparencia en nuestras relaciones de tutoría para producir un entorno de confianza adecuado para el crecimiento. Descubrí que cuanto más confíen los aprendices en sus mentores, más crecerán puesto que no ocultarán sus fallas y se sentirán cómodos revelando los tratos profundos de Dios en sus almas. Cualquier cosa menos que la transparencia no es más que una experiencia religiosa basada en el desempeño que no equivaldrá al verdadero crecimiento y madurez cristianos. De hecho, según las Escrituras, las personas no pueden crecer en Cristo a menos que caminen en la luz como él está en la luz, para que puedan experimentar una verdadera comunión tanto con Dios como con su cuerpo (1 Juan 1:7).

He descubierto que no hay nada que desarrolle mayor confianza, lealtad y alineamiento con los discípulos que cuando comparto mis luchas y desafíos, y solicito sinceramente su apoyo y oración colectiva para que juntos podamos cumplir la voluntad de Dios y hacer avanzar su reino. Por supuesto, cuanto más espiritualmente maduro sea un aprendiz, más detalles íntimos puedo compartir y más confianza mutua podemos desarrollar. Esto, a su vez, da como resultado una sinergia asombrosa que surge de nuestra unidad, que seguirá manteniéndose unida por nuestro compromiso continuo de caminar en la transparencia. Sin este componente vital en nuestra relación, la dinámica de tutoría se verá muy obstaculizada y limitada en sus resultados.

Para terminar, mi oración es que estos diez puntos sirvan como guías útiles para acelerar el proceso de hacer discípulos con ustedes y contribuyan a la rápida expansión de la misión de Jesús en la tierra hoy.

Que el Señor de la mies continúe produciendo mentores semejantes a Cristo a fin de equipar a los santos para la obra del ministerio.

Notas

Capítulo 1:Comprenda la identidad que Dios le dio

1. Biblia con letras azules, s.v. "Petros", consultado el 17 de mayo de 2019, www.blueletterbible.org.
2. Biblia con letras azules, s.v. "petra", consultado el 17 de mayo de 2019, www.blueletterbible.org.
3. Biblia con letras azules, s.v. "'Abram", consultado el 17 de mayo de 2019, www.blueletterbible.org, s.v. "'Abraham", consultado el 17 de mayo de 2019, www.blueletterbible.org.
4. Susan Reynolds, "Cerebro feliz, vida feliz", *Psychology Today*, 2 de agosto de 2011, www.psychologytoday.com.
5. Reynolds, "Cerebro feliz, vida feliz".

Capítulo 2: Libere su potencial

1. El libro de Kristian David Hernández, *Beholding and Proclaiming*, se puede encontrar en Amazon: www.amazon.com.

Capítulo 4: Cómo entender la afirmación

1. Shad Helmstetter, *Qué decir cuando hablas contigo mismo* (Gallery Books, 2017), pp. 26-27.
2. "Brain Stem", Center for Neuro Skills, consultado el 10 de junio de 2019, www.neuroskills.com/brain-injury/brain-stem/.

Capítulo 5: Amar y ser amado

1. Tara Parker-Pope, "How to Be Better at Stress", *New York Times*, consultado el 6 de junio de 2019, www.nytimes.com.
2. Benedict Carey, "Evidencia de que los pequeños toques significan tanto", *New York Times*, 22 de febrero de 2010, www.nytimes.com.
3. Carey, "Evidencia de que los pequeños toques significan mucho".
4. Joseph Mattera, *Antología de ensayos sobre liderazgo de vanguardia* (CreateSpace, 2015), pp. 92-94. Para más información sobre los conceptos presentados, lea *The Transforming Mission* de David J. Bosch, pp. 36-39.
5. Mattera, *Antología de ensayos sobre liderazgo de vanguardia*.

Capítulo 6: Cómo liberar el potencial de los demás

1. Martin B. Copenhaver, *Jesús es la pregunta* (Abingdon Press).
2. F. John Reh, "El principio de Pareto o la regla 80/20", The Balance Careers, actualizado el 22 de marzo de 2019, www.thebalancecareers.com.
3. Margaret Hunter, "¿Cuándo y cómo murieron los doce apóstoles?", Amazing Bible Timeline With World History, 29 de abril de 2013, https://amazingbibletimeline.com.

Capítulo 8: El poder del fracaso

1. Reuben Frank, "Mensaje inspirador de Nick Foles en un mundo de redes sociales", NBCUniversal Media, LLC, 5 de febrero de 2018, www.nbcphiladelphia.com.
2. "Abraham Lincoln Overcoming Failure", consultado el 12 de junio de 2019, www.championshipcoachesnetwork.com.

Capítulo 9: El poder de delegar

1. Centro de la Biblia, s.v. "apostelló", consultado el 12 de junio de 2019, https://biblehub.com/greek/649.htm.
2. Centro de la Biblia, s.v. "apo", consultado el 12 de junio de 2019, https://biblehub.com/greek/575.htm.
3. Luz de estudio, s.v. "stéllō", consultado el 12 de junio de 2019, www.studylight.org.
4. Centro de la Biblia, s.v. "dunamis", consultado el 12 de junio de 2019, https://biblehub.com.
5. Frederick William Danker y Walter Bauer, *Un léxico grecoinglés del Nuevo Testamento y otra literatura cristiana primitiva* (University of Chicago Press, 2000), p. 278.
6. Danker y Bauer, *Un léxico grecoinglés del Nuevo Testamento y otra literatura cristiana primitiva*, s.v. "exousiano".

Capítulo 10: El poder de priorizar

1. "El principio de Pareto", Natrainner, 26 de marzo de 2018, https://natrainner.wordpress.com.

Capítulo 11: El poder de la comunidad

1. Después de que Jerusalén fue destruida, la iglesia estuvo compuesta principalmente de creyentes gentiles que, en su intento por llegar a los de la sociedad helénica, individualizaron las Escrituras para atraer a aquellos influenciados por la filosofía

griega que buscaban al hombre perfecto más que a una comunidad de fe.

2. No creo que se esté refiriendo a la unidad institucional u organizativa sino a la unidad que proviene de estar en un solo corazón y una sola mente, es decir, unidad emocional y espiritual. Ver Hechos 1:14; 2:1; 2:44-46; 4:32 para un ejemplo de creyentes que se unen como un solo corazón, una sola mente y una sola alma.

Capítulo 13: Cómo entender la lucha

1. Samuel Chad, *Dolor de liderazgo: el aula para el crecimiento* (Thomas Nelson, 2015).

Capítulo 15: Comprenda la autoridad espiritual

1. Para obtener información sobre la Coalición del Pacto de Cristo, visite www.christcovenantcoalition.org.

Capítulo 17: Termine bien

1. Por ejemplo, la pasividad de Joe Paterno con respecto a Jerry Sandusky que arruinó su legado en la Universidad Estatal de Pensilvania (Sara Ganim, "CNN Exclusive: Joe Paterno May Have Known of Earlier Jerry Sandusky Abuse Claim, Police Report Reveals", Cable News Network, 11 de septiembre de 2017 , www.cnn.com.

Apéndice: Maneras efectivas de ayudar a los seguidores maduros de Cristo

1. Ver Deuteronomio 31; Josué 24; 1 Samuel 12; Mateo 5-7; y Hechos 20:17-34. Estas escrituras son extraordinarias en lo referente a impartir valores de liderazgo, estándares y ejemplos para que los mentores los sigan.

CASA
CREACIÓN

Te invitamos a que visites nuestra página web, donde podrás apreciar la pasión por la publicación de libros y Biblias:

www.casacreacion.com

 @CASACREACION

 @CASACREACION

 @CASACREACION

Para vivir la Palabra